대구도시철도공사

사무직

기출동형 모의고사

제 1 회	영 역	직업기초능력평가 경영학개론
	문항수	80문항
	시 간	80분
	비 고	객관식 5지선다형

SEOWONGAK

(주)서원각

✏ **직업기초능력평가(40문항)**

1. 다음에 제시된 문장 ㈎~㈐의 빈칸 어디에도 사용될 수 없는 단어는 어느 것인가?

㈎ 우리나라의 사회보장 체계는 사회적 위험을 보험의 방식으로 ( )함으로써 국민의 건강과 소득을 보장하는 사회보험이다.

㈏ 노인장기요양보험은 고령이나 노인성질병 등으로 인하여 6개월 이상 동안 혼자서 일상생활을 ( )하기 어려운 노인 등에게 신체활동 또는 가사지원 등의 장기요양급여를 사회적 연대원리에 의해 제공하는 사회보험 제도이다.

㈐ 사회보험 통합징수란 2011년 1월부터 국민건강보험공단, 국민연금공단, 근로복지공단에서 각각 ( )하였던 건강보험, 국민연금, 고용보험, 산재보험의 업무 중 유사·중복성이 높은 보험료 징수업무(고지, 수납, 체납)를 국민건강보험공단이 통합하여 운영하는 제도이다.

㈑ 보장구 제조·판매업자가 장애인으로부터 서류일체를 위임받아 청구를 ( )하였을 경우 지급이 가능한가요?

㈒ 우리나라 장기요양제도의 발전방안을 모색하고 급속한 고령화에 능동적으로 ( )할 수 있는 능력을 배양하며, 장기요양분야 전문가들로 구성된 인적네트워크 형성 지원을 목적으로 한 사례발표와 토론형식의 참여형 역량강화 프로그램이다.

㈓ 고령 사회에 ( )해 제도가 맞닥뜨린 문제점을 정확히 인식하고 개선방안을 모색하는 것이 고령사회 심화 속 제도의 지속가능성을 위해 필요하다는 점이 반영된 것으로 보인다.

① 완수
② 대비
③ 대행
④ 수행
⑤ 대처

2. 중의적 표현에 대한 다음 설명을 참고할 때, 구조적 중의성의 사례가 아닌 것은?

중의적 표현(중의성)이란 하나의 표현이 두 가지 이상의 의미로 해석되는 표현을 일컫는다. 그 특징은 해학이나 풍자 등에 활용되며, 의미의 다양성으로 문학 작품의 예술성을 높이는 데 기여한다. 하지만 의미 해석의 혼동으로 인해 원활한 의사소통에 방해를 줄 수도 있다.

이러한 중의성은 어휘적 중의성과 구조적 중의성으로 크게 구분할 수 있다. 어휘적 중의성은 다시 세 가지 부류로 나누는데 첫째, 다의어에 의한 중의성이다. 다의어는 의미를 복합적으로 가지고 있는데, 기본 의미를 가지고 있는 동시에 파생적 의미도 가지고 있어서 그 어휘의 기본적 의미가 내포되어 있는 상태에서 다른 의미로도 쓸 수 있다. 둘째, 어휘적 중의성으로 동음어에 의한 중의적 표현이 있다. 동음어에 의한 중의적 표현은 순수한 동음어에 의한 중의적 표현과 연음으로 인한 동음이의어 현상이 있다. 셋째, 동사의 상적 속성에 의한 중의성이 있다.

구조적 중의성은 문장의 구조 특성으로 인해 중의성이 일어나는 것을 말하는데, 이러한 중의성은 수식 관계, 주어의 범위, 서술어와 호응하는 논항의 범위, 수량사의 지배범위, 부정문의 지배범주 등에 의해 일어난다.

① 나이 많은 길동이와 을순이가 결혼을 한다.
② 그 녀석은 나와 아버지를 만났다.
③ 영희는 친구들을 기다리며 장갑을 끼고 있었다.
④ 그녀가 보고 싶은 친구들이 참 많다.
⑤ 그건 오래 전부터 아끼던 그녀의 선물이다.

3. 아래의 제시된 글을 읽고 ㉠과 ㉡에 대한 설명으로 적절하지 않은 것을 고르면?

김춘수와 김수영은 대척되는 위치에서 한국 시의 현대성을 심화시킨 시인들이다. 김춘수는 순수시론의 일종인 ㉠ 무의미시론으로 새로운 해체시를 열어젖혔고, 김수영은 '온몸의 시학'으로 알려진 ㉡ 참여시론으로 현실참여시의 태두가 되었다. 비슷한 시기에 태어나 활동했던 두 시인은 개인의 자유와 실존이 위협을 받던 1960년대의 시대 현실을 비판적으로 인식하고 각자의 실존 의식과 윤리관을 예각화하면서 시적 언어와 창작 방법에 대한 성찰을 제시하였다. 하지만 두 모더니스트가 선택한 미학적 실험은 그 방향이 사뭇 달랐다.

김춘수는 '꽃'과 같은 자신의 1950년대 시가 '관념에의 기갈'에 사로잡혀 있었다고 진단한다. 그 결과 시적 언어는 제 구실의 가장 좁은 한계, 즉 관념과 의미 전달의 수단에 한정되었고 시는 대상의 재현과 모방에 머물렀다는 것이다. 추상적인 관념을 전달하는 이미지·비유·상징과 같은 수사에 대한 집착은 이런 맥락과 관련이 깊다. 하지만 김춘수는 말의 피안에 있는 관념이나 개인의 실존을 짓누르는 이데올로기로 인해 공포를 느꼈다. 이 공포에서 벗어나 자아를 보존하려는 충동이 그를 '생의 구원'으로서의 시 쓰기로 이끈 것이다. 그 방법으로 김춘수는 언어와 이미지의 유희, 즉 기의(記意) 없는 기표(記標)의 실험을 시도하였다. 기의에서 해방된 기표의 유희는 시와 체험, 시와 현실의 연속성을 끊는 것은 물론 역사 현실과 화해할 수 없는 자율적인 시를 만드는 원천이라고 믿었기 때문이다. 이 믿음은 비유와 상징은 물론 특정한 대상을 떠올리게 하는 이미지까지 시에서 배제하는 기법 및 형식 실험으로 이어졌다.

구체적으로 그는 이미지를 끊임없이 새로운 이미지로 대체하여 의미를 덧씌울 중심 대상을 붕괴시키고, 마침내 대상 없는 이미지 그 자체가 대상이 되게 함으로써 무의미 상태에 도달하고자 했다. 물론 대상의 구속에서 벗어나 자유를 얻는 과정에는 창작자의 의식과 의도가 개입해야 한다. 이 점에서 무의미시는 인간의 무의식을 강조한 초현실주의와 차이가 있지만 자유연상 혹은 자동기술과 예술적 효과가 흡사한 결과를 얻을 수 있었다.

한편 김춘수는 언어 기호를 음소 단위로까지 분해하거나 시적 언어를 주문이나 염불 소리 같은 리듬 혹은 소리 이미지에 근접시키기도 하였다. 김춘수의 「처용단장」 제2부는 이런 시적 실험들의 진면목을 드러낸 작품이다. 김춘수에게 시 쓰기란 현실로 인해 빚어진 내면의 고뇌와 개인적 실존의 위기를 벗어던지고 자신의 생을 구원하는 현실 도피의 길이었다. 이와 달리 김수영에게 시 쓰기란 자유를 억압하는 군사 정권과 대결하고 정치적 자유의 이행을 촉구하며 공동체의 운명을 노래하는 것이었다.

4·19 직후의 풍자시는 참여시 실험을 알리는 신호탄이었던 셈이다. 참여시론의 핵심은 진정한 자유의 이행을 위해 '온몸으로 온몸을 밀고나가는 것'이란 모순어법으로 집약된다. 이는 내용과 형식은 별개가 아니며 시인의 사상과 감성을 생활(현실) 속에서 언어로 표현할 때 그것이 바로 시의 형식이 된다는 의미이다.

그런 까닭에 시의 현대성은 실험적 기법의 우열보다는 현실에 대해 고민하는 시인의 양심에서 찾아야 한다. 물론 김수영도 김춘수가 추구한 무의미시의 의의를 일부 인정했다. 그 역시 '무의미'란 의미 너머를 지향하는 욕망, 즉 우리 눈에 보이는 것 이상을 보려는 것이고 시와 세계의 화해 불가능성을 드러내려는 것이라고 생각했다. 하지만 그는 김춘수가 시의 무의미성에 도달하기 위해 선택한 방법을 너무 협소한 것이라고 여겼다. 이런 점에서 '의미'를 포기하는 것이 무의미의 추구도 되겠지만, '의미'를 껴안고 들어가서 그 '의미'를 구제함으로써 무의미에 도달하는 길도 있다는 김수영의 말은 주목된다. 그는 김춘수처럼 시어의 무의미성에 대한 추구로 시의 무의미성에 도달하는 것도 현대시가 선택할 수 있는 유효한 실험이라고 보았다. 하지만 그는 시어의 의미성을 적극적으로 수용함으로써 마침내 시의 무의미성에 도달하는 것이 더 바람직한 시인의 태도라고 생각했던 것이다. 김수영은 김춘수의 궁극적인 꿈이기도 했던 시와 예술의 본질 혹은 존재 방식으로서의 무의미성까지 도달하기 위해 오히려 시어의 범위를 적극적으로 확대하고 시와 현실의 접촉을 늘려 세계 변혁을 꾀하는 현실 참여의 길로 나아갔던 것이다. 실제로 그의 참여시는 시와 산문의 언어적 경계를 허물어 산문적 의미까지 시에 담아내려 했다. 이를 통해 그는 일상어·시사어·관념어, 심지어 비속어와 욕설까지 폭 넓게 시어로 활용하여 세계의 의미를 개진하고 당대 현실을 비판할 수 있었다.

사실 김춘수의 시적 인식은 김수영의 그것에 대한 대타 의식의 소산이다. 김춘수는 김수영을 시와 생활을 구별하지 못한 '로맨티스트'였지만 자신의 죽음까지도 시 쓰기의 연장선상에 있었던 훌륭한 시인이라고 평가했다. 김춘수는 세계에 대한 허무감에서 끝내 벗어날 수 없었던 자신과 달리 김수영이 현대 사회의 비극적 운명에 '온몸'으로 맞서는 시인의 윤리를 실천한 점에 압박감을 느끼고 있었지만, 김수영의 시와 시론에서 시와 예술에 대한 공유된 인식을 발견했던 것이다.

① ㉠은 언어유희를 활용하여 세계에 대한 허무 의식을 극복했다.
② ㉠은 시에서 중요한 것은 내용이나 의미가 아니라 형식이나 기법이라고 여겼다.
③ ㉡은 해체시 실험에 치중하면 현실 극복이 불가능하다고 인식했다.
④ ㉡은 시어의 범위와 시의 내용을 확장하여 시의 현실성을 강화했다.
⑤ ㉠과 ㉡은 모더니스트였던 시인의 예술관과 현실 대응 방식을 보여 준다.

4. 아래 글에서 컨버전스 제품이 출시된 이후에 저품질 A의 생산이 중단될 때, 사회적 후생이 감소할 가능성을 높이는 것을 〈보기〉에서 모두 고르면?

기술의 발달은 개별 제품들의 각 기능을 한 기기 내에 담을 수 있는 가능성을 열어주는데, 이를 '컨버전스(convergence)'라고 부른다. 컨버전스는 사용자의 편의성과 더불어 경쟁의 활성화라는 경제적 효과를 야기하게 된다. 경쟁의 활성화가 소비자의 후생 증진으로 이어지려면 소비자 선택의 다양성이 존중되어야 한다. 선택권을 상실한 소비자의 효용 감소가 매우 크다면, 사회적 후생의 감소로 이어질 가능성이 있다. 예를 들어 제품 A의 시장이 독점적인 성격을 지니고 있어, A를 생산하는 기업이 제품의 차별화를 통하여 이윤 극대화를 도모한다고 가정하자. 그렇다면 저품질(저가) A와 고품질(고가) A를 공급함으로써 소비자 스스로 자신의 조건에 맞는 선택을 하도록 유인하여 이윤을 높이려는 시도를 하게 될 것이다. 이러한 상황에서 A에 서로 대체성이 없는 제품 B의 기능이 추가된 컨버전스 제품 C가 출시되었다고 하자. 이제 C의 시장진입으로 저품질 A의 소비자 그룹을 대상으로 경쟁이 치열하게 전개된다면, A를 생산하는 기업은 저품질 A의 시장을 포기하고, C와의 차별화를 시도할 가능성이 있다. A를 생산하는 기업이 저품질 A의 생산을 중단하고 고품질 A에 특화할 때 사회적 후생이 감소할 가능성이 있다.

〈보기〉
㉠ C는 저품질 A에 비하여 가격이 크게 높다.
㉡ 기술 혁신으로 고품질 A의 가격이 하락한다.
㉢ 소비자가 B의 가격에 대해 민감하게 반응하지 않는다.

① ㉠
② ㉢
③ ㉠, ㉡
④ ㉠, ㉢
⑤ ㉡, ㉢

┃5~6┃ 아래의 글을 읽고 물음에 답하시오.

조세는 국가의 재정을 마련하기 위해 경제 주체인 기업과 국민들로부터 거두어들이는 돈이다. 그런데 국가가 조세를 강제로 부과하다 보니 경제 주체의 의욕을 떨어뜨려 경제적 순손실을 초래하거나 조세를 부과하는 방식이 공평하지 못해 불만을 야기하는 문제가 나타난다. 따라서 조세를 부과할 때는 조세의 효율성과 공평성을 고려해야 한다.

우선 ㉠ 조세의 효율성에 대해서 알아보자. 상품에 소비세를 부과하면 상품의 가격 상승으로 소비자가 상품을 적게 구매하기 때문에 상품을 통해 얻는 소비자의 편익*이 줄어들게 되고, 생산자가 상품을 팔아서 얻는 이윤도 줄어들게 된다. 소비자와 생산자가 얻는 편익이 줄어드는 것을 경제적 순손실이라고 하는데 조세로 인하여 경제적 순손실이 생기면 경기가 둔화될 수 있다. 이처럼 조세를 부과하게 되면 경제적 순손실

이 불가피하게 발생하게 되므로, 이를 최소화하도록 조세를 부과해야 조세의 효율성을 높일 수 있다.

㉡ 조세의 공평성은 조세 부과의 형평성을 실현하는 것으로, 조세의 공평성이 확보되면 조세 부과의 형평성이 높아져서 조세 저항을 줄일 수 있다. 공평성을 확보하기 위한 기준으로는 편익 원칙과 능력 원칙이 있다. 편익 원칙은 조세를 통해 제공되는 도로나 가로등과 같은 공공재*를 소비함으로써 얻는 편익이 클수록 더 많은 세금을 부담해야 한다는 원칙이다. 이는 공공재를 사용하는 만큼 세금을 내는 것이므로 납세자의 저항이 크지 않지만, 현실적으로 공공재의 사용량을 측정하기가 쉽지 않다는 문제가 있고 조세 부담자와 편익 수혜자가 달라지는 문제도 발생할 수 있다.

능력 원칙은 개인의 소득이나 재산 등을 고려한 세금 부담 능력에 따라 세금을 내야 한다는 원칙으로 조세를 통해 소득을 재분배하는 효과가 있다. 능력 원칙은 수직적 공평과 수평적 공평으로 나뉜다. 수직적 공평은 소득이 높거나 재산이 많을수록 세금을 많이 부담해야 한다는 원칙이다. 이를 실현하기 위해 특정 세금을 내야 하는 모든 납세자에게 같은 세율을 적용하는 비례세나 소득 수준이 올라감에 따라 점점 높은 세율을 적용하는 누진세를 시행하기도 한다.

수평적 공평은 소득이나 재산이 같을 경우 세금도 같게 부담해야 한다는 원칙이다. 그런데 수치상의 소득이나 재산이 동일하더라도 실질적인 조세 부담 능력이 달라, 내야 하는 세금에 차이가 생길 수 있다. 예를 들어 소득이 동일하더라도 부양가족의 수가 다르면 실질적인 조세 부담 능력에 차이가 생긴다. 이와 같은 문제를 해결하여 공평성을 높이기 위해 정부에서는 공제 제도를 통해 조세 부담 능력이 적은 사람의 세금을 감면해 주기도 한다.

* 편익 : 편리하고 유익함
* 공공재 : 모든 사람들이 공동으로 이용할 수 있는 재화나 서비스

5. 다음 중 윗글에 대한 설명으로 가장 적절한 것은?
① 상반된 두 입장을 비교, 분석한 후 이를 절충하고 있다.
② 대상을 기준에 따라 구분한 뒤 그 특성을 설명하고 있다.
③ 대상의 개념을 그와 유사한 대상에 빗대어 소개하고 있다.
④ 통념을 반박하며 대상이 가진 속성을 새롭게 조명하고 있다.
⑤ 시간의 흐름에 따라 대상이 발달하는 과정을 서술하고 있다.

6. 다음 중 ㉠과 ㉡에 대한 설명으로 적절하지 않은 것은?
① ㉠은 조세가 경기에 미치는 영향과 관련되어 있다.
② ㉡은 납세자의 조세 저항을 완화하는 데 도움이 된다.
③ ㉠은 ㉡과 달리 소득 재분배를 목적으로 한다.
④ ㉡은 ㉠과 달리 조세 부과의 형평성을 실현하는 것이다.
⑤ ㉠과 ㉡은 모두 조세를 부과할 때 고려해야 하는 요건이다.

7. 다음 글에서 언급된 밑줄 친 '합리적 기대이론'에 대한 설명으로 적절하지 않은 것은 무엇인가?

과거에 중앙은행들은 자신이 가진 정보와 향후의 정책방향을 외부에 알리지 않는 이른바 비밀주의를 오랜 기간 지켜왔다. 통화정책 커뮤니케이션이 활발하지 않았던 이유는 여러 가지가 있었지만 무엇보다도 통화정책 결정의 영향이 파급되는 경로가 비교적 단순하고 분명하여 커뮤니케이션의 필요성이 크지 않았기 때문이었다. 게다가 중앙은행에게는 권한의 행사와 그로 인해 나타난 결과에 대해 국민에게 설명할 어떠한 의무도 부과되지 않았다.

중앙은행의 소극적인 의사소통을 옹호하는 주장 가운데는 비밀주의가 오히려 금융시장의 발전을 가져올 수 있다는 견해가 있었다. 중앙은행이 모호한 표현을 이용하여 자신의 정책의도를 이해하기 어렵게 설명하면 금리의 변화 방향에 대한 불확실성이 커지고 그 결과 미래 금리에 대한 시장의 기대가 다양하게 형성된다. 이처럼 미래의 적정금리에 대한 기대의 폭이 넓어지면 금융거래가 더욱 역동적으로 이루어짐으로써 시장의 규모가 커지는 등 금융시장이 발전하게 된다는 것이다. 또한 통화정책의 효과를 극대화하기 위해 커뮤니케이션을 자제해야 한다는 생각이 통화정책 비밀주의를 오래도록 유지하게 한 요인이었다. 합리적 기대이론에 따르면 사전에 예견된 통화정책은 경제주체의 기대 변화를 통해 가격조정이 정책의 변화 이전에 이루어지기 때문에 실질생산량, 고용 등의 변수에 변화를 가져올 수 없다. 따라서 단기간 동안이라도 실질변수에 변화를 가져오기 위해서는 통화정책이 예상치 못한 상황에서 수행되어야 한다는 것이다.

이 외에 통화정책결정에 있어 중앙은행의 독립성이 확립되지 않은 경우 비밀주의를 유지하는 것이 외부의 압력으로부터 중앙은행을 지키는 데 유리하다는 견해가 있다. 중앙은행의 통화정책이 공개되면 이해관계가 서로 다른 집단이나 정부 등이 정책결정에 간섭할 가능성이 커지고 이들의 간섭이 중앙은행의 독립적인 정책수행을 어렵게 할 수 있다는 것이다.

① 사람들은 현상을 충분히 합리적으로 판단할 수 있으므로 어떠한 정책 변화도 미리 합리적으로 예상하여 행동한다.

② 경제주체들이 자신의 기대형성 방식이 잘못되었다는 것을 알면서도 그런 방식으로 계속 기대를 형성한다고 가정하는 것이다.

③ 예상하지 못한 정책 충격만이 단기적으로 실질변수에 영향을 미친다.

④ 1년 후의 물가가 10% 오를 것으로 예상될 때 10% 이하의 금리로 돈을 빌려 주면 손실을 보게 되기 때문에, 대출 금리를 10% 이상으로 인상시켜 놓게 된다.

⑤ 임금이나 실업 수준 등에 실질적인 영향을 미치고자 할 때에는 사람들이 예상하지 못하는 방법으로 통화 공급을 변화시켜야 한다.

8. 다음 글의 내용을 통해 알 수 있는 '풋 귤'의 특징으로 적절한 것은 어느 것인가?

풋 귤이란 덜 익어서 껍질이 초록색인 감귤을 가리킨다. 감귤의 적정 생산량을 조절하기 위해 수확 시기보다 이르게 감귤나무에서 미숙한 상태로 솎아내는 과일이다. 얼마 전까지만 해도 풋 귤은 '청귤'로 많이 불렸다. 색깔이 노란색이 아닌 초록색이어서 붙여진 이름이다. 그런데 사실 이는 잘못된 일이다. 청귤은 엄연한 감귤의 한 품종으로서 제주의 고유 품종 중 하나다. 다른 감귤과 달리 꽃이 핀 이듬해인 2월까지 껍질이 푸르며, 3~4월이 지나서야 황색으로 변하게 된다. 여러 감귤 품종 중에서도 특히 추위와 질병에 강한 생태적 특성을 지닌 것으로 알려져 있다.

재래종인 만큼 한 때는 제주도에서 생산되는 감귤 중 상당량이 청귤이었지만, 개량된 감귤의 위세에 밀려 현재는 생산량이 많이 줄어든 상황이다. 따라서 감귤의 미숙과를 청귤이라고 부르는 것은 잘못된 호칭이며, 풋 귤이라 부르는 것이 보다 정확한 표현이다.

사실 풋 귤이 시장의 주목을 받기 시작한 것은 얼마 되지 않는다. 일정 품질과 당도를 유지하는 감귤을 만들기 위해 열매 일부분을 익기도 전에 따서 버렸기에 제대로 된 이름조차 갖지 못했다. 그러던 풋 귤이 특색 있는 식재료로 인정받아 유통 품목의 하나로 자리를 잡기 시작한 것은 지난 2015년부터의 일이다. 영양학적 가치를 인정받았기 때문이다.

최근 들어서는 기존의 감귤 시장을 위협할 정도로 수요가 꾸준히 늘고 있다. 특히 수입과일인 레몬이나 라임 등을 대체할 수 있는 먹거리로 풋 귤이 떠오르면서 국내는 물론 해외에서도 관심의 대상이 되고 있다.

감귤연구소 연구진은 사람의 각질세포에 풋 귤에서 추출한 물질을 1% 정도만 처리해도 '히알루론산(hyaluronic acid)'이 40%나 증가한다는 사실을 확인했다. 히알루론산은 동물의 피부에 많이 존재하는 생체 합성 천연 물질이다. 수산화기(-OH)가 많은 친수성 물질이며 사람이나 동물 등의 피부에서 보습작용 역할을 하는 것으로 알려져 있다. 이에 대해 감귤연구소 관계자는 "각질층에 수분이 충분해야 피부가 건강하고 탄력이 생긴다."라고 설명하며 "피부의 주름과 탄성에 영향을 주는 히알루론산이 많이 생성된 것을 볼 때 풋 귤의 보습효과는 탁월하다"라고 밝혔다.

풋 귤은 보습 효과 외에 염증 생성을 억제하는 효과도 뛰어난 것으로 드러났다. 연구진은 동물의 백혈구를 이용한 풋 귤 추출물의 염증 억제 실험을 진행했다. 그 결과 풋귤 추출물을 200ug/mL 처리했더니 일산화질소 생성이 40%p 정도 줄었고, 염증성 사이토 카인의 생성도 대폭 억제되는 것으로 밝혀졌다. 일산화질소(NO)와 염증성 사이토카인(cytokine)은 염증 반응의 대표 지표 물질이다. 이에 대해 감귤연구소 관계자는 "풋 귤은 익은 감귤에 비해 총 폴리페놀(polyphenol)과 총 플라보노이드(flavonoid) 함량이 2배 이상 높은 것으로 나타났다"라고 강조했다.

① 풋 귤은 다른 감귤보다 더 늦게 황색으로 변하며 더 오랜 시간 황색을 유지한다.

② 풋 귤은 일반 감귤이 덜 익은 상태로 수확된 것을 의미하는 것이 아니다.

③ 풋 귤이 감귤보다 더 맛이 있다.

④ 풋 귤에는 히알루론산이 다량 함유되어 있다.

⑤ 풋 귤에 함유되어 있는 폴리페놀과 플라보노이드는 염증 생성을 억제하는 기능을 한다.

9. 다음은 □□전자의 스마트폰 사용에 관한 조사 설계의 일부분이다. 본 설문조사의 목적으로 가장 적합하지 않은 것은?

> 1. 조사목적
>
> [   ]
>
> 2. 과업 범위
> ① 조사 대상 : 서울과 수도권에 거주하고 있으며 최근 5년 이내에 스마트폰 변경 이력이 있고, 향후 1년 이내에 스마트폰 변경 의향이 있는 만 20~30세의 성인 남녀
> ② 조사 방법 : 구조화된 질문지를 이용한 온라인 조사
> ③ 표본 규모 : 총 1,000명
> 3. 조사 내용
> ① 시장 환경 파악 : 스마트폰 시장 동향 (사용기기 브랜드 및 가격, 기기사용 기간 등)
> ② 과거 스마트폰 변경 현황 파악 : 변경 횟수, 변경 사유 등
> ③ 향후 스마트폰 변경 잠재 수요 파악 : 변경 사유, 선호 브랜드, 변경 예산 등
> ④ 스마트폰 구매자를 위한 개선 사항 파악 : 스마트폰 구매자를 위한 요금할인, 사은품제공 등 개선 사항 적용 시 스마트폰 변경 의향
> ⑤ 배경정보 파악 : 인구사회학적 특성 (연령, 성별, 거주 지역 등)
> 4. 결론 및 기대효과

① 스마트폰 구매자를 위한 요금할인 프로모션 시행의 근거 마련

② 평균 스마트폰 기기사용 기간 및 주요 변경 사유 파악

③ 광고 매체 선정에 참고할 자료 구축

④ 스마트폰 구매 시 사은품 제공 유무가 구입 결정에 미치는 영향 파악

⑤ 향후 출시할 스마트폰 가격 책정에 활용할 자료 구축

10. 김대리는 모스크바 현지 영업소로 출장을 갈 계획이다. 4일 오후 2시 모스크바에서 회의가 예정되어 있어 모스크바 공항에 적어도 오전 11시 이전에는 도착하고자 한다. 인천에서 모스크바까지 8시간이 걸리며, 시차는 인천이 모스크바보다 6시간이 더 빠르다. 김대리는 인천에서 늦어도 몇 시에 출발하는 비행기를 예약하여야 하는가?

① 3일 09 : 00

② 3일 19 : 00

③ 4일 09 : 00

④ 4일 11 : 00

⑤ 5일 02 : 00

11. 다음 다섯 사람 중 오직 한 사람만이 거짓말을 하고 있다. 거짓말을 하고 있는 사람은 누구인가?

> • A : B는 거짓말을 하고 있지 않다.
> • B : C의 말이 참이면 D의 말도 참이다.
> • C : E는 거짓말을 하고 있다.
> • D : B의 말이 거짓이면 C의 말은 참이다.
> • E : A의 말이 참이면 D의 말은 거짓이다.

① A

② B

③ C

④ D

⑤ E

12. 다음에 제시된 정보를 종합할 때, 서류장 10개와 의자 10개의 가격은 테이블 몇 개의 가격과 같은가?

> • 홍보팀에서는 테이블, 의자, 서류장을 다음과 같은 수량으로 구입하였다.
> • 테이블 5개와 의자 10개의 가격은 의자 5개와 서류장 10개의 가격과 같다.
> • 의자 5개와 서류장 15개의 가격은 의자 5개와 테이블 10개의 가격과 같다.

① 8개

② 9개

③ 10개

④ 11개

⑤ 12개

13. A교육연구소 아동청소년연구팀에 근무하는 甲은 다음과 같은 연구를 시행하여 결과를 얻었다. 연구결과를 상사에게 구두로 보고하자 결과를 뒷받침할 만한 직접적인 근거를 추가하여 보고서를 작성해 오라는 지시를 받았다. 다음 〈보기〉 중 근거로 추가할 수 있는 자료를 모두 고른 것은?

[연구개요] 한 아동이 다른 사람을 위하여 행동하는 매우 극적인 장면이 담긴 'Lassie'라는 프로그램을 매일 5시간 이상 시청한 초등학교 1~2학년 아동들은 이와는 전혀 다른 내용이 담긴 프로그램을 시청한 아동들보다 훨씬 더 협조적이고 타인을 배려하는 행동을 보여 주었다.
반면에 텔레비전을 통해 매일 3시간 이상 폭력물을 시청한 아동과 청소년들은 텔레비전 속에서 보이는 성인들의 폭력행위를 빠른 속도로 모방하였다.
[연구결과] 텔레비전 속에서 보이는 폭력이 아동과 청소년의 범죄행위를 유발시킬 가능성이 크다.

〈보기〉
㉠ 전국의 소년교도소에 폭행죄로 수감되어 있는 재소자들은 6세 이후 폭력물을 매일 적어도 4시간 이상씩 시청했었다.
㉡ 전국의 성인교도소에 폭행죄로 수감되어 있는 재소자들은 6세 이후 폭력물을 매일 적어도 6시간 이상씩 시청했었다.
㉢ 전국의 소년교도소에 폭행죄로 수감되어 있는 청소년들은 매일 저녁 교도소 내에서 최소한 3시간씩 폭력물을 시청한다.
㉣ 6세에서 12세 사이에 선행을 많이 하는 아동들이 성인이 되어서도 선행을 많이 한다.
㉤ 텔레비전 발명 이후, 아동과 청소년을 대상으로 한 폭력범죄가 증가하였다.

① ㉠
② ㉠, ㉡
③ ㉠, ㉡, ㉤
④ ㉡, ㉢, ㉤
⑤ ㉢, ㉣, ㉤

14. 다음 글에 나타난 문제해결의 장애요소는?

최근 A사의 차량이 화재가 나는 사고가 연달아 일어나고 있다. 현재 리콜 대상 차량은 10만여 대로 사측은 전국의 서비스 업체에서 안전진단을 통해 불편을 해소하는 데에 최선을 다하겠다고 말했다. A사 대표는 해당 서비스를 24시간 확대 운영은 물론 예정되어 있던 안전진단도 단기간에 완료하겠다고 입장을 밝혔다. 덕분에 서비스센터 현장은 여름휴가 기간과 겹쳐 일반 서비스 차량과 리콜 진단 차량까지 전쟁터를 방불케 했다. 그러나 안전진단은 결코 답이 될 수 없다는 게 전문가들의 의견이다. 문제가 되는 해당 부품이 개선된 제품으로 교체되어야만 해결할 수 있는 사태이고, 개선된 제품은 기본 20여 일이 걸려 한국에 들어올 수 있기 때문에 이 사태가 잠잠해지기까지는 상당한 시간이 걸린다는 것이다. 또한 단순 안전진단만으로는 리콜이 시작되기 전까지 오히려 고객들의 불안한 마음만 키울 수 있어 이를 해결할 확실한 대안이 필요하다고 지적했다.

① 실질적 대안이 아닌 고객 달래기식 임기응변으로 대응을 하고 있다.
② 해결책을 선택하는 타당한 이유를 마련하지 못하고 있다.
③ 선택한 해결책을 실행하기 위한 계획을 수립하지 못하고 있다.
④ 중요한 의사결정 인물이나 문제에 영향을 받게 되는 구성원을 참여시키지 않고 있다.
⑤ 개인이나 팀이 통제할 수 있거나 영향력을 행사할 수 있는 범위를 넘어서는 문제를 다루고 있다.

15. T사에서는 새롭게 출신한 제품의 판매율 제고를 위한 프로모션 아이디어 회의를 진행 중이다. 브레인스토밍을 통하여 다양한 아이디어를 수집하려는 회의 운영 방식에 적절하지 않은 의견은 어느 것인가?

① "팀장인 나는 그냥 참관인 자격으로 지켜볼 테니 거침없는 의견들을 마음껏 제시해 보세요."
② "많은 의견이 나올수록 좋으며, 중요하다 싶은 의견은 그때그때 집중 논의하여 적용 여부를 결정하고 넘어가야 해요."
③ "엊그제 입사한 신입사원들도 적극적으로 의견을 개진해 주세요. 아직 회사 사정을 잘 몰라도 상관없어요."
④ "우선 책상 배열을 좀 바꿔보면 어떨까요? 서로를 쳐다볼 수 있도록 원형 배치가 좋을 것 같습니다."
⑤ "저는 직원들의 의견을 모두 기록해 둘게요. 사소한 의견이라도 모두 적어보겠습니다."

16. 한국전자는 영업팀 6명의 직원(A~F)과 관리팀 4명의 직원(갑~정)이 매일 각 팀당 1명씩 총 2명이 당직 근무를 선다. 2일 날 A와 갑 직원이 당직 근무를 서고 팀별 순서(A~F, 갑~정)대로 돌아가며 근무를 선다면, E와 병이 함께 근무를 서는 날은 언제인가? (단, 근무를 서지 않는 날은 없다고 가정한다)

① 10일　　　　　　　② 11일

③ 12일　　　　　　　④ 13일

⑤ 14일

17. 다음의 내용은 VOC(Voice Of Customer : 고객의 소리)의 일부 사례로써 병원 측과 환자 측과의 대화를 나타낸 것이다. 이로 미루어 보아 가장 옳지 않은 설명을 고르면?

㉮ 물리치료센터

환자 : 처음에는 뜨거운 물로 치료를 해줬으나 이제는 그렇게 치료하지 않더군요. 물리치료사에게 물어보니 치료를 뜨겁게 생각하는 분들이 많이 없었다고 했습니다. 하지만 저처럼 뜨거운 물을 이용한 치료를 원하는 고객들이 많을 테니 치료 자체를 없애는 대신 두꺼운 수건을 깔아서 문제를 해결했으면 좋을 것이라 생각합니다. 조금 더 고객의 마음을 헤아려줬으면 좋겠습니다.

병원 : 앞으로는 치료 자체를 없애기보다는 그것을 개선시키는 방향을 택하도록 노력하겠습니다.

㉯ 진료 과정

환자 : 다른 병원에서 무릎 치료에 실패하고 지인의 소개로 XX병원에 방문했습니다. 오른쪽 다리뿐만 아니라 왼쪽 다리에도 문제가 있어서 두 쪽 다 수술 받기를 원했지만 아직은 왼쪽 다리 수술이 필요 없다는 진단을 들었습니다. 결국 왼쪽 다리에는 주사 시술만 받은 후 수영 등 무릎 건강에 도움이 되는 운동을 해봤습니다. 하지만 전혀 개선이 되지 않더군요. 오른쪽 다리 수술을 할 때 같이 왼쪽 다리도 수술해 주셨으면 좋았을 겁니다.

병원 : XX 병원은 무조건 수술을 권유하지 않고, 고객의 상태를 고려한 맞춤 치료를 진행합니다. 하지만 고객님의 의견을 마음에 새겨 진료 프로세스에 적극적으로 반영하겠습니다.

㉰ 건강검진센터

환자 : 대기하고 있을 때 피 검사, 엑스레이 검사 등을 미리 해주면 좋을 텐데 시간이 닥쳐서 검사를 시작하니까 대기 시간이 길어집니다. 심지어 오전 11시에 와서 오후 6시에 검사가 끝난 적도 있었습니다. 점심시간이 걸리고, 제 차례가 됐을 때가 돼서야 피 검사를 하라고 하니 검사 결과가 나오는 데는 또 한 시간이 이상이 걸리더군요. 고객이 오면 자기 차례가 됐을 때 신속하게 검사가 진행되길 바랍니다.

병원 : 앞으로 건강검진센터는 자체적인 진료 프로세스를 만들어 고객님들의 대기 시간을 줄일 수 있도록 노력하겠습니다.

---

① 환자들의 요구사항을 충족시키는 방법에 대해서 신뢰할 수 있는 정확한 정보는 오직 환자만이 줄 수 있다는 것을 알 수 있다.

② 환자들의 불만을 접수하면서 병원경영혁신의 기초자료로 서비스 제공을 위한 예상 밖의 아이디어를 얻을 수 있다.

③ 환자 측과의 접점에서 그들의 니즈에 기초한 표준화된 대응의 서비스가 가능하다.

④ 환자 측의 불편사항을 추후에 개선이 될 수 있게 만드는 연결 통로가 된다.

⑤ 환자 측의 요구사항을 잘 처리해도 그들의 만족도는 낮고 환자 측과의 관계유지는 더욱 악화될 것이다.

18. 다음 두 사례를 읽고 하나가 가지고 있는 임파워먼트의 장애요인으로 옳은 것은?

〈사례1〉

▽▽그룹에 다니는 민 대리는 이번에 새로 입사한 신입직원 하나에게 최근 3년 동안의 매출 실적을 정리해서 올려달라고 부탁하였다. 더불어 기존 거래처에 대한 DB를 새로 업데이트하고 회계팀으로부터 전달받은 통계자료를 토대로 새로운 마케팅 보고서를 작성하라고 지시하였다. 하지만 하나는 일에 대한 열의는 전혀 없이 그저 맹목적으로 지시받은 업무만 수행하였다. 민 대리는 그녀가 왜 업무에 열의를 보이지 않는지, 새로운 마케팅 사업에 대한 아이디어를 내놓지 못하는지 의아해 했다.

〈사례2〉

◆◆기업에 다니는 박 대리는 이번에 새로 입사한 신입직원 희진에게 최근 3년 동안의 매출 실적을 정리해서 올려달라고 부탁하였다. 더불어 기존 거래처에 대한 DB를 새로 업데이트하고 회계팀으로부터 전달받은 통계자료를 토대로 새로운 마케팅 보고서를 작성하라고 지시하였다. 희진은 지시받은 업무를 확실하게 수행했지만 일에 대한 열의는 전혀 없었다. 이에 박 대리는 그녀와 함께 실적자료와 통계자료들을 살피며 앞으로의 판매 향상에 도움이 될 만한 새로운 아이디어를 생각하여 마케팅 계획을 세우도록 조언하였다. 그제야 희진은 자신에게 주어진 프로젝트에 대해 막중한 책임감을 느끼고 자신의 판단에 따라 효과적인 해결책을 만들었다.

---

① 책임감 부족

② 갈등처리 능력 부족

③ 경험 부족

④ 제한된 정책과 절차

⑤ 집중력 부족

19. 다음 사례에서 직장인으로서 옳지 않은 행동을 한 사람은?

〈사례1〉
K그룹에 다니는 철환이는 어제 저녁 친구들과 횟집에서 회를 먹고 오늘 일어나자 갑자기 배가 아파 병원에 간 결과 식중독에 걸렸다는 판정을 받고 입원을 하게 되었다. 생각지도 못한 일로 갑자기 결근을 하게 된 철환이는 즉시 회사에 연락해 사정을 말한 후 연차를 쓰고 입원하였다.

〈사례2〉
여성 구두를 판매하는 S기업의 영업사원으로 입사한 상빈이는 업무상 여성고객들을 많이 접하고 있다. 어느 날 외부의 한 백화점에서 여성고객을 만나게 된 상빈이는 그 고객과 식사를 하기 위해 식당이 있는 위층으로 에스컬레이터를 타고 가게 되었다. 이때 그는 그 여성고객에게 먼저 타도록 하고 자신은 뒤에 타고 올라갔다.

〈사례3〉
한창 열심히 근무하는 관모에게 한 통의 전화가 걸려 왔다. 얼마 전 집 근처에 있는 공인중개사에 자신의 이름으로 된 집을 월세로 내놓았는데 그 공인중개사에서 연락이 온 것이다. 그는 옆자리에 있는 동료에게 잠시 자리를 비우겠다고 말한 뒤 신속하게 사무실 복도를 지나 야외 휴게실에서 공인중개사 사장과 연락을 하고 내일 저녁 계약 약속을 잡았다.

〈사례4〉
입사한 지 이제 한 달이 된 정호는 어느 날 다른 부서에 급한 볼일이 있어 복도를 지나다가 우연히 앞에 부장님이 걸어가는 걸 보았다. 부장님보다 천천히 가자니 다른 부서에 늦게 도착할 것 같아 어쩔 수 없이 부장님을 지나치게 되었는데 이때 그는 부장님께 "실례하겠습니다."라고 말하는 것을 잊지 않았다.

〈사례5〉
해외 바이어와 만난 지성이는 건네받은 명함을 꾸기거나 계속 만지지 않고 탁자 위에 보이는 채로 대화를 했다. 명함을 꾸기거나 받는 즉시 호주머니에 넣으면 매너가 아닌 것을 알기 때문이다.

① 철환
② 상빈
③ 관모
④ 정호
⑤ 지성

20. 다음의 대화를 통해 알 수 있는 내용으로 가장 알맞은 것은?

K팀장 : 좋은 아침입니다. 어제 말씀드린 보고서는 다 완성이 되었나요?
L사원 : 예, 아직 완성을 하지 못했습니다. 시간이 많이 부족한 것 같습니다.
K팀장 : 보고서를 작성하는데 어려움이 있나요?
L사원 : 팀장님의 지시대로 하는 데 어려움은 없습니다. 그러나 저에게 주신 자료 중 잘못된 부분이 있는 것 같습니다.
K팀장 : 아. 저도 몰랐던 부분이네요. 잘못된 점이 무엇인가요?
L사원 : 직접 보시면 아실 것 아닙니까? 일부러 그러신 겁니까?
K팀장 : 아 그렇습니까?

① K팀장은 아침부터 L사원을 나무라고 있다.
② L사원은 K팀장과 사이가 좋지 못하다.
③ K팀장은 리더로서의 역할이 부족하다.
④ L사원은 팀원으로서의 팔로워십이 부족하다.
⑤ K팀장은 독재자 유형의 리더십을 보이고 있다.

21. 제약회사 영업부에 근무하는 U씨는 영업부 최고의 성과를 올리는 영업사원으로 명성이 자자하다. 그러나 그런 그에게도 단점이 있었으니 그것은 바로 서류 작업을 정시에 마친 적이 없다는 것이다. U씨가 회사로 복귀하여 서류 작업을 지체하기 때문에 팀 전체의 생산성에 차질이 빚어 지고 있다면 영업부 팀장인 K씨의 행동으로 올바른 것은?

① U씨의 영업실적은 뛰어나므로 다른 직원에게 서류 작업을 지시한다.
② U씨에게 퇴근 후 서류 작업을 위한 능력을 개발하라고 지시한다.
③ U씨에게 서류작업만 할 수 있는 아르바이트 직원을 붙여 준다.
④ U씨로 인한 팀의 분위기를 설명하고 해결책을 찾아보라고 격려한다.
⑤ U씨의 서류작업을 본인이 처리한다.

22. 다음 사례에서 팀원들의 긴장을 풀어주기 위해 나 팀장이 취할 수 있는 행동으로 가장 적절한 것은?

> 나 팀장이 다니는 ▷◁기업은 국내에서 가장 큰 매출을 올리며 국내 경제를 이끌어가고 있다. 그로 인해 임직원들의 연봉은 다른 기업에 비해 몇 배나 높은 편이다. 하지만 그만큼 직원들의 업무는 많고 스트레스 또한 다른 직장인들에 비해 훨씬 많다. 매일 아침 6시까지 출근해서 2시간 동안 회의를 하고 야근도 밥 먹듯이 한다. 이런 생활이 계속되자 갓 입사한 신입직원들은 얼마 못 가 퇴사하기에 이르고 기존에 있던 직원들도 더 이상 신선한 아이디어를 내놓기 어려운 실정이 되었다. 특히 오늘 아침에는 유난히 팀원들이 긴장을 하는 것 같아 나팀장은 새로운 활동을 통해 팀원들의 긴장을 풀어주어야겠다고 생각했다.

① 자신이 신입직원이었을 당시 열정적으로 일해서 성공한 사례들을 들려준다.

② 오늘 아침 발표된 경쟁사의 신제품과 관련된 신문기사를 한 부씩 나눠주며 읽어보도록 한다.

③ 다른 직장인들에 비해 자신들의 연봉이 높음을 강조하면서 조금 더 힘내 줄 것을 당부한다.

④ 회사 근처에 있는 숲길을 천천히 걸으며 잠시 일상에서 벗어날 수 있는 시간을 마련해 준다.

⑤ 현재 맡고 있는 업무의 중요성을 알려준다.

23. 다음에서 설명하는 갈등해결방법은?

> 자신에 대한 관심은 낮고 상대방에 대한 관심은 높은 경우로, '나는 지고 너는 이기는 방법'이다. 주로 상대방이 거친 요구를 해오는 경우 전형적으로 나타난다.

① 회피형   ② 경쟁형
③ 수용형   ④ 타협형
⑤ 통합형

24. 다음 중 협상에서 주로 나타나는 실수와 그 대처방안이 잘못된 것은?

① 준비되기도 전에 협상이 시작되는 경우 아직 준비가 덜 되었음을 솔직히 말하고 상대방의 입장을 묻는 기회로 삼는다.

② 협상 상대가 협상에 대하여 타결권한을 가진 최고책임자인지 확인하고 협상을 시작한다.

③ 협상의 통제권을 잃을까 두려워하지 말고 의견 차이를 조정하면서 최선의 해결책을 찾기 위해 노력한다.

④ 설정한 목표와 한계에서 벗어나지 않기 위해 한계와 목표를 기록하고 협상의 길잡이로 삼는다.

⑤ 협상 당사자 간에 기대하는 바에 일관성 있게 헌신적으로 부응한다.

25. 많은 전문가들은 미래의 사회는 정보기술(IT), 생명공학(BT), 나노기술(NT), 환경기술(ET), 문화산업(CT), 우주항공기술(ST) 등을 이용한 정보화 산업이 주도해 나갈 것이라고 예언한다. 다음 중, 이와 같은 미래 정보화 사회의 6T 주도 환경의 모습을 설명한 것으로 적절하지 않은 것은 어느 것인가?

① 부가가치 창출 요인이 토지, 자본, 노동에서 지식 및 정보 생산 요소로 전환된다.

② 모든 국가의 시장이 국경 없는 하나의 세계 시장으로 통합되는 세계화가 진전된다.

③ 무한한 정보를 중심으로 하는 열린사회로 정보제공자와 정보소비자의 구분이 명확해진다.

④ 과학적 지식이 폭발적으로 증가한다.

⑤ 새로운 지식과 기술을 개발·활용·공유·저장할 수 있는 지식근로자를 요구한다.

26. 다음 그림에서 A6 셀에 수식 '=$A$1+$A2'를 입력한 후 다시 A6 셀을 복사하여 C6와 C8에 각각 붙여넣기를 하였을 경우, (A)와 (B)에 나타나게 되는 숫자의 합은 얼마인가?

	A	B	C
1	7	2	8
2	3	3	8
3	1	5	7
4	2	5	2
5			
6			(A)
7			
8			(B)

① 10   ② 12
③ 14   ④ 16
⑤ 19

27. 다음 내용에 해당하는 인터넷 검색 방식을 일컫는 말은 어느 것인가?

> 이 검색 방식은 검색엔진에서 문장 형태의 질의어를 형태소 분석을 거쳐 언제(when), 어디서(where), 누가(who), 무엇을(what), 왜(why), 어떻게(how), 얼마나(how much)에 해당하는 5W 2H를 읽어내고 분석하여 각 질문에 답이 들어있는 사이트를 연결해 주는 검색엔진이다.

① 자연어 검색 방식　　② 주제별 검색 방식
③ 통합형 검색 방식　　④ 키워드 검색 방식
⑤ 상황별 검색 방식

28. 다음 ㈎~㈤ 중 '인쇄 미리 보기'와 출력에 대한 올바르지 않은 설명을 모두 고른 것은 어느 것인가?

> ㈎ '인쇄 미리 보기'를 실행한 상태에서 '페이지 설정'을 클릭하여 '여백' 탭에서 여백을 조절할 수 있다.
> ㈏ '인쇄 미리 보기' 창에서 셀 너비를 조절할 수 있으나 워크시트에는 변경된 너비가 적용되지 않는다.
> ㈐ 엑셀에서 그림을 시트 배경으로 사용하면 화면에 표시된 형태로 시트 배경이 인쇄된다.
> ㈑ 차트를 선택하고 '인쇄 미리 보기'를 하면 차트만 보여 준다.
> ㈒ 차트를 클릭한 후 'Office 단추' – '인쇄'를 선택하면 '인쇄' 대화 상자의 인쇄 대상이 '선택한 차트'로 지정된다.

① ㈎, ㈏, ㈑　　　　② ㈏, ㈑, ㈒
③ ㈏, ㈒　　　　　　④ ㈏, ㈐
⑤ ㈎, ㈑

29. 다음 중 필요한 정보를 효과적으로 수집하기 위하여 가져야 하는 정보 인식 태도에 대한 설명으로 적절하지 않은 것은?

① 중요한 정보를 수집하기 위해서는 우선적으로 신뢰관계가 전제가 되어야 한다.
② 정보는 빨리 취득하는 것보다 항상 정보의 질과 내용을 우선시하여야 한다.
③ 단순한 인포메이션을 수집할 것이 아니라 직접적으로 도움을 줄 수 있는 인텔리전스를 수집할 필요가 있다.
④ 수집된 정보를 효과적으로 분류하여 관리할 수 있는 저장 툴을 만들어 두어야 한다.
⑤ 정보수집용 하드웨어에만 의존하지 말고 머릿속에 적당한 정보 저장 공간을 마련한다.

30. 다음 중 '유틸리티 프로그램'으로 볼 수 없는 것은?

① 고객 관리 프로그램
② 화면 캡쳐 프로그램
③ 이미지 뷰어 프로그램
④ 동영상 재생 프로그램
⑤ 바이러스 백신 프로그램

31. 다음 중 네트워크 관련 장비의 이름과 해당 설명이 올바르게 연결되지 않은 것은?

① 게이트웨이(Gateway)란 주로 LAN에서 다른 네트워크에 데이터를 보내거나 다른 네트워크로부터 데이터를 받아들이는 데 사용되는 장치를 말한다.
② 허브(Hub)는 네트워크를 구성할 때 각 회선을 통합적으로 관리하여 한꺼번에 여러 대의 컴퓨터를 연결하는 장치를 말한다.
③ 리피터(Repeater)는 네트워크 계층의 연동 장치로, 최적 경로 설정에 이용되는 장치이다.
④ 스위칭 허브(Switching Hub)는 근거리통신망 구축 시 단말기의 집선 장치로 이용하는 스위칭 기능을 가진 통신 장비로, 통신 효율을 향상시킨 허브로 볼 수 있다.
⑤ 브리지(Bridge)는 두 개의 근거리통신망 시스템을 이어주는 접속 장치를 일컫는 말이며, 양쪽 방향으로 데이터의 전송만 해줄 뿐 프로토콜 변환 등 복잡한 처리는 불가능하다.

32. 다음은 그래픽(이미지) 데이터의 파일 형식에 대한 설명이다. 각 항목의 설명과 파일명을 올바르게 짝지은 것은?

> ㉠ Windows에서 기본적으로 지원하는 포맷으로, 고해상도 이미지를 제공하지만 압축을 사용하지 않으므로 파일의 크기가 크다.
>
> ㉡ 사진과 같은 정지 영상을 표현하기 위한 국제 표준 압축 방식으로 24비트 컬러를 사용하여 트루 컬러로 이미지를 표현한다.
>
> ㉢ 인터넷 표준 그래픽 파일 형식으로, 256가지 색을 표현하지만 애니메이션으로도 표현할 수 있다.
>
> ㉣ Windows에서 사용하는 메타파일 방식으로, 비트맵과 벡터 정보를 함께 표현하고자 할 경우 적합하다.
>
> ㉤ 데이터의 호환성이 좋아 응용프로그램 간 데이터 교환용으로 사용하는 파일 형식이다.
>
> ㉥ GIF와 JPEG의 효과적인 기능들을 조합하여 만든 그래픽 파일 포맷이다.

① ㉠ – JPG(JPEG)
② ㉡ – WMF
③ ㉢ – GIF
④ ㉣ – PNG
⑤ ㉥ – BMP

33. 다음 중 일반적인 직업의 의미가 아닌 것은?

① 직업은 경제적 보상을 받는 일이다.
② 직업은 계속적으로 수행하는 일이다.
③ 직업은 자기의 의사와 관계없이 해야 하는 일이다.
④ 직업은 노력이 소용되는 일이다.
⑤ 직업은 사회적 효용이 있는 일이다.

34. 다음 중 SERVICE의 7가지 의미에 대한 설명으로 옳은 것은?

① S : 서비스는 감동을 주는 것
② V : 서비스는 고객에게 좋은 이미지를 심어주는 것
③ C : 서비스는 미소와 함께 신속하게 하는 것
④ R : 서비스는 고객을 존중하는 것
⑤ I : 서비스는 예의를 갖추고 정중하게 하는 것

35. 다음 중 인사 예절에 어긋난 행동은?

① 윗사람에게는 먼저 목례를 한 후 악수를 한다.
② 상대의 눈을 보며 밝은 표정을 짓는다.
③ 손끝만 잡는 행위는 금한다.
④ 주머니에 손을 넣고 악수를 한다.
⑤ 명함을 받으면 즉시 호주머니에 넣지 않는다.

36. 다음 중 공동체 윤리에 해당하는 것이 아닌 것은?

① 봉사
② 책임
③ 준법
④ 근면
⑤ 예절

37. 다음 중 직장에서의 소개 예절로 옳지 않은 것은?

① 나이 어린 사람을 연장자에게 소개한다.
② 신참자를 고참자에게 소개한다.
③ 반드시 성과 이름을 함께 말한다.
④ 빠르게 그리고 명확하게 말한다.
⑤ 동료임원을 고객, 손님에게 소개한다.

38. 다음 중 직장에서 성 예절을 지키기 위한 자세로 옳지 않은 것은?

① 여성과 남성이 대등한 동반자 관계로 동등한 역할과 능력 발휘를 한다는 인식을 가진다.
② 직장에서 여성은 본인의 특징을 살린 한정된 업무를 담당하게 한다.
③ 직장 내에서 여성이 남성과 동등한 지위를 보장 받기 위해서 그만한 책임과 역할을 다해야 한다.
④ 성희롱 문제를 사전에 예방하고 효과적으로 처리하는 방안이 필요하다.
⑤ 남녀공존의 직장문화를 정착하는 노력이 필요하다.

39. 아래의 내용은 원격접속 시의 네티켓에 관한 것이다. 이 중 가장 바르지 않은 항목을 고르면?

① 자료를 올릴 시에는 바이러스 체크 후에 올리도록 해야 한다.

② 대용량의 자료를 받을 경우에는 가급적이면 사람들로 붐비지 않는 시간을 택한다.

③ 문서파일을 받은 경우에 로그아웃 한 후 오프라인 상에서 읽는다.

④ 공용폴더를 이용할 경우라 하더라도 밑에 자신의 사용자 이름으로 폴더를 만들어서 사용할 필요는 없다.

⑤ 호스트의 첫 화면에 나타나는 공지 사항을 꼭 읽는다.

40. 다음은 타인을 소개하는 방법을 설명한 것이다. 이 중 가장 부적절하게 서술된 것을 고르면?

① 연장자에게 연소자를 먼저 소개하고, 연장자를 연소자에게 소개한다.

② 한 사람을 소개할 때에는 먼저 그 사람을 여러 사람에게 소개하고 여러 사람을 한사람씩 소개한다.

③ 직위가 높은 사람을 직위가 낮은 사람에게 먼저 소개한다.

④ 남성과 여성 중 남성을 먼저 소개하나 남성이 직위가 높거나 할 시에는 여성부터 소개한다.

⑤ 연장자라 해도 직위가 낮으면 연장자를 먼저 소개한다.

🖋 **경영학개론(40문항)**

41. 다음 중 수요예측에 활용하는 시계열 분석에 대한 내용으로 가장 바르지 않은 것을 고르면?

① 시계열은 어떤 경제 현상이나 또는 자연 현상 등에 대한 시간적인 변화를 나타내는 자료이므로 어느 한 시점에서 관측된 시계열 자료는 그 이전까지의 자료들에 의존하게 되는 특성이 있다.

② 시계열 자료는 주가 지수와는 다르게 매 단위 시간에 따라 측정되어 생성되어지지 않으며 횡단면 자료에 비하여 상대적으로 많은 수의 변수로 구성된다.

③ 시간이 경과함에 따라 기술 진보에 의해 경제 현상들은 성장하게 되고, 농·수산 부문과의 연관된 경제 현상 등은 자연의 영향 특히 계절적 변동으로부터 많은 영향을 받게 된다.

④ 통계적인 숫자를 시간 흐름에 의해 일정한 간격으로 기록한 통계계열을 시계열 데이터라고 하며, 이러한 계열의 시간적인 변화에는 갖가지 원인에 기인한 변동이 포함되어 있다.

⑤ 이 방식은 경기변동 등의 연구에 활용되고 있다.

42. 주로 자원이 한정된 중소기업이 많이 사용하는 전략은?

① 마케팅믹스 전략　　　② 무차별적 마케팅전략

③ 집중적 마케팅전략　　④ 차별적 마케팅전략

⑤ 가격차별전략

43. 다음 중 지식기반 조직에 관한 설명들 중 옳지 않은 것은?

① 이러한 조직의 경우 지식 및 정보의 활용을 강조하는 조직을 말한다.

② 지식기반 조직의 경우 구성원들로 하여금 조직의 목표를 성취하는 데 있어서만 필요한 지식 및 기술을 찾아내 활용 가능하도록 보장한 조직이다.

③ 지식기반 조직에서 조직의 리더는 구성원 개개인의 역할이 발휘될 수 있도록 유도해야 한다.

④ 지식기반 조직은 하부 조직단위의 업무목표와 실적이 전체 조직의 목표로 환류될 수 있어야 한다.

⑤ 지식기반 조직은 필요한 정보와 지식 그리고 경험이 조직 내에서 공유될 수 있는 탄력적이고 개방적인 조직이어야 한다.

44. 기업 조직의 상하 구성원들이 서로의 참여 과정을 통해 기업 조직 단위와 구성원의 목표를 명확하게 설정하고, 그로 인한 생산 활동을 수행하도록 한 뒤, 업적을 측정 및 평가함으로써 조직 관리에 있어서의 효율화를 기하려는 일종의 포괄적인 조직관리 체제를 의미한다. 또한 이 방식은 종합적인 조직운영 기법으로 활용될 뿐만 아니라, 근무성적평정 수단으로, 더 나아가 예산 운영 및 재정관리의 수단으로 다양하게 활용되고 있는 방식인데, 이를 무엇이라고 하는가?

① X이론
② 목표에 의한 관리
③ Y이론
④ 자기통제
⑤ 문제해결

45. 다음 경제적 주문량의 기본가정으로 보기 어려운 것은?

① 재고부족이 허용된다.
② 계획기간 중 해당품목의 수요량은 항상 일정하며, 알려져 있다.
③ 연간 단위재고 유지비용은 수량에 관계없이 일정하다.
④ 주문량이 일시에 입고된다.
⑤ 단위구입비용이 주문수량에 관계없이 일정하다.

46. 다음 SERVQUAL의 준거기준 중 고객에 대해 직원들의 능력·예절·신빙성·안전성을 전달하는 능력을 나타내는 것은?

① 유형성
② 대응성
③ 신뢰성
④ 공감성
⑤ 확신성

47. 다음의 보기 중 테일러와 관련한 설명으로 보기 가장 어려운 것은?

① 기업 조직의 운영에 있어 기획이나 실행의 분리를 기본으로 하고 있다.
② 전체 작업에 있어 시간 및 동작연구를 적용하고 표준작업시간을 설정하고 있다.
③ 직능적 조직에 의해 관리의 전문화를 꾀하고 있다.
④ 차별성과급제를 도입하였다.
⑤ 임금은 생산량에 반비례하고, 임금률의 경우 시간연구로 인해 얻은 표준에 따라 결정하였다.

48. 다음은 서비스 유통경로의 기능과 그 내용을 나타낸 것이다. 이 중 가장 옳지 않은 항목은?

① 정보기능 – 마케팅 환경 조사 및 전략 등에 필요한 정보 등을 수집하고 제공
② 접촉기능 – 잠재적인 구매자를 발견하고 커뮤니케이션을 하는 기능
③ 물적유통기능 – 서비스 재고판매 및 이익 등을 위한 재무적인 위험 부담의 기능
④ 재무기능 – 유통경로 상의 업무비용의 충당을 위한 자금의 획득 및 이를 사용하는 기능
⑤ 교섭기능 – 소유권 이전을 위한 가격, 서비스, 기타 조건 등에 동의하는 기능

49. 소비자들에게 타사제품과 비교하여 자사제품에 대한 차별화된 이미지를 심어주기 위한 계획적인 전략접근법을 무엇이라고 하는가?

① 포지셔닝 전략
② 시장세분화 전략
③ 가격차별화 전략
④ 제품차별화 전략
⑤ 광고차별화 전략

50. 다음 중 관찰법에 관한 설명으로 가장 바르지 않은 항목은?

① 조사대상의 행동 및 상황 등을 직접적 또는 기계장치 등을 통해 관찰해서 자료를 수집하는 방법이다.

② 제공할 수 없거나 제공하기를 꺼려하는 정보 등을 취득하는 데 적합한 방식이다.

③ 자료를 수집함에 있어서 피 관찰자의 협조의도 및 응답능력 등은 문제가 되지 않는다.

④ 피관찰자 자신 스스로가 관찰을 당한다는 사실을 인지하지 못하게 하는 것이 중요하며, 만약의 경우에 이를 알게 될 경우에 피관찰자는 평소와는 다른 행동을 할 수도 있다.

⑤ 피관찰자의 느낌이나 동기, 장기적인 행동 등에 대해서도 관찰이 가능하다.

51. 조사방법과 자료수집 방법이 결정되면 조사대상을 어떻게 선정할 것인가 하는 문제에 직면하게 된다. 이 때 표본설계는 전수조사를 할 것인가 표본조사를 할 것인가를 먼저 정해야 하는데, 다음 중 표본설계 시 고려요인에 해당하지 않는 것을 고르면?

① 표본 크기

② 표본 단위

③ 표본추출절차

④ 모집단의 분류

⑤ 자료수집수단

52. 다음 중 특정제품에 대해 좋은 선입관을 갖고 있다면 제품의 좋은 정보만 받아들이고 나쁜 정보는 여간해서는 수긍하지 않는 경향이 있는데 이를 무엇이라고 하는가?

① 장기기억

② 선택적 보유

③ 선택적 노출

④ 선택적 주의

⑤ 선택적 왜곡

53. 다음 중 투-빈 (Two-Bin) 시스템에 대한 설명으로 바르지 않은 것은?

① 발주점법의 변형인 투-빈 시스템은 주로 저가품(편의품 등)에 적용한다.

② 투-빈 시스템은 두 개의 상자에 부품을 보관해서 필요시에 하나의 상자에서 지속적으로 부품을 꺼내어 사용하다가 처음 상자가 바닥날 때까지 사용하고 나면, 다음 상자의 부품을 꺼내어 사용하면서 발주를 시켜 이전의 바닥난 상자를 채우는 방식이다.

③ 투-빈 시스템은 재고수준을 계속적으로 조사해야 한다.

④ 투-빈 시스템은 일반적으로 조달기간 동안에는 나머지 상자에 남겨져 있는 부품으로 충당하게 된다.

⑤ 투-빈 시스템은 재고관리에서 C그룹에 적용되어진다.

54. 다음 중 인적자원계획의 효과에 대한 설명으로 바르지 않은 것은?

① 효율적 인적자원 계획으로 인해 구성원들의 사기 및 만족도가 증가한다.

② 구성원들에 대한 적절한 교육훈련계획의 수립이 가능해진다.

③ 새로운 사업기회에 대한 확보능력이 상승된다.

④ 적정 수의 인적자원 확보를 통한 노동의 비용이 감소된다.

⑤ 불필요한 노동력의 감소 및 증대에 따른 통제가 어렵다.

55. 다음 복지후생에 대한 설명 중 사용자에 대한 이익으로 보기 어려운 것은?

① 고용이 안정되고 생활수준이 나아지는 효과를 가져온다.

② 생산성의 향상 및 원가절감의 효과를 가져온다.

③ 인간적 관계에 대한 부분이 상당히 개선된다.

④ 팀 워크의 정신이 점차적으로 높아진다,

⑤ 기업 조직의 목적 및 방침 등을 보여주는 기회가 많아진다.

56. 노동자가 노조의 가입을 거부, 또는 노동조합이 제명을 하게 되면 해당 종업원은 기업으로부터 해고를 당하게 되는 숍 제도를 무엇이라고 하는가?

① Agency Shop

② Union Shop

③ Preferential Shop

④ Open Shop

⑤ Closed Shop

57. 다음은 무차익조건에 관련한 내용들이다. 이 중 가장 옳지 않은 것은?

① 무위험 차익거래란 투자액의 부담 및 리스크의 부담도 없이 확실하게 이익을 얻어내는 차익거래를 말한다.

② 밀러와 모딜리아니는 무차익조건을 기반으로 하여 최적자본구조이론을 제시하게 되었다.

③ 어떠한 가격수준에서 차익거래가 완전하게 해소되지 않아 초과공급 및 초과수요가 존재하게 되면 이것이 곧 균형가격이다.

④ 합리적인 투자자 서로가 경쟁하는 시장에서 차익거래의 기회가 존재할 수 없는 것을 무차익조건이라 한다.

⑤ 크나큰 부를 축적하고 싶어하는 투자자는 무위험한 차익거래의 기회가 제공되면 가능한 커다란 규모의 차익거래를 실행해서 더 많은 차익거래에 대한 이익을 얻고자 할 것이다.

58. 다음 중 수직적 마케팅 시스템의 도입배경으로 적절하지 않은 것은?

① 목표이익의 확보

② 소량생산에 의한 소량판매의 요청

③ 기업의 상품이미지 제고

④ 경쟁자에 대한 효과적인 대응

⑤ 유통비용의 절감

59. 다음 표적시장의 선정 시 고려요소로서 적절하지 않은 것은?

① 시장의 동질성

② 제품의 동질성

③ 제품수명주기

④ 공급자의 민감도

⑤ 기업의 자원

60. 다음 중 각 중간상에게 주어지는 할인율은 대체로 수행하는 경로기능에 따라 정해지지만 경우에 따라서는 경로구성원의 시장파워에 의해 결정되는 경우도 있는 할인의 형태는?

① 판매촉진 지원금(Promotional Allowances)

② 계절할인(Seasonal Discounts)

③ 거래할인(Trade Discounts)

④ 수량할인(Quantity Discounts)

⑤ 현금할인(Cash Discounts)

61. 포항으로 홀로 여행을 떠난 율희는 오후 늦게서야 배고픔을 느끼게 되어 주변 A횟집으로 들어갔다. 하지만 메뉴판을 보는 순간 너무나 많은 종류의 회를 보고 율희는 무엇을 선택해야 할지 고민하고 있다. 다음 중 아래와 같은 선택에 대한 평가기준이 제시된 경우 보완적 평가방식에 의해 율희가 선택하게 되는 횟감의 종류는 무엇인가?

평가기준	중요도	횟감 종류에 대한 평가				
		광어	우럭	물회	참치	오징어
가격	40	2	2	1	7	3
반찬 종류	30	2	3	1	5	3
서비스 수준	50	2	2	2	4	6

① 광어

② 우럭

③ 물회

④ 참치

⑤ 오징어

62. 다음은 경로갈등에 관한 설명이다. 이 중 부적절한 항목은?

① 수직적 갈등은 서로 다른 단계의 경로 사이에서 갈등이 발생되어지는 것을 말한다.

② 수평적 갈등은 유통경로 상의 동일한 단계에서 발생되어지는 갈등을 말한다.

③ 역기능적 갈등은 경로 성과에 있어 부정적 영향을 가져다주는 갈등을 말한다.

④ 순기능적 갈등은 경로갈등을 통해서 경로 내의 문제를 발견하고 이러한 문제들을 해결함으로써 경로성과의 향상을 가져다주는 갈등을 말한다.

⑤ 중립적 갈등은 경로성과에 영향을 끼치지 않는 것으로 경로구성원들 간 상호의존 정도가 상당히 낮을 경우에 발생하게 된다.

63. 다음 중 EDI(Electronic Data Interchange)에 관한 내용으로 보기 어려운 것은?

① 거래업체 간에 상호 합의된 전자문서표준을 이용하여 인간의 조정을 최소화한 컴퓨터와 컴퓨터 간의 구조화된 데이터의 전송하는 방식이다.

② 기업의 업무효율을 높인다.

③ 소요시간이 단축되는 특징이 있다.

④ 정확하지만 많은 노동력이 필요하다.

⑤ 국내에서는 1987년에 대우자동차가 미국의 거래선인 GM사와 EDI거래를 시작하면서 처음 도입되었다.

64. 다음 중 저수익률의 고회전율 전략으로 보기 어려운 것은?

① 점포에 내점하기 전에 고객이 구매를 결정하는 제품

② 서비스, 특징적 상품, 판매기법이 고객의 선택에 영향

③ 별도의 노력 없이 팔리는 잘 알려진 제품

④ 독립지역이나 임대료가 저렴한 곳에 위치

⑤ 시중보다 낮은 가격으로 가격에 초점을 둔 촉진

65. 다음 중 제3자 물류에 관한 설명으로 바르지 않은 것은?

① 화주와의 관계는 계약기반, 전략적 제휴를 따르고 있다.

② 도입에 있어서의 결정 권한은 최고경영자에게 있다.

③ 운영기간은 단기적이고 일시적이다.

④ 서비스의 범위는 종합 물류서비스를 지향한다.

⑤ 통합관리형태를 띠고 있다.

66. 다음 중 성격이 다른 하나는?

① 재화와 서비스의 가치상실을 감소시키는 위험부담의 기능

② 단기운전자본 등의 융통을 가능하게 하는 금융기능

③ 수송·보관·하역 등으로 시간적 효용과 장소적 효용을 창출하는 기능

④ 품질적 격리를 조절하여 제품 유통의 원활과 생산합리화를 기하려는 표준화 기능

⑤ 마케팅관련 시장정보를 제공하여 관념적 격리를 좁혀주는 시장정보 기능

67. 다음은 수익증권에 관한 설명이다. 이 중 가장 옳지 않은 것을 고르면?

① 수익증권에 관련한 투자자는 투자신탁회사의 주주가 아니다.

② 펀드에 대한 운용과 관리에 따른 투명성이 상당히 높다.

③ 수익증권은 재산운용에 있어 신탁을 의뢰하여 해당 수익을 취득할 권리가 표기되어 있는 증권이라 할 수 있다.

④ 펀드의 운용에 있어 중도해지가 쉽지 않다.

⑤ 투자신탁회사는 신탁되어진 포트폴리오에 대한 청구권을 나타내는 수익증권을 발행해서 자금을 모은다.

68. PER(Price Earnings Ratio)는 현 주가가 주당이익의 몇 배인지를 나타내는 정보이다. 다음 중 이에 대한 내용으로 바르지 않은 것은?

① PER는 해당 기업조직에 대한 시장의 신뢰도 지표로는 활용이 불가능하다.

② PER가 높으면 높을수록 주가가 고평가되어 있다고 할 수 있다.

③ PER는 구성요소에 대한 예측이 배당평가모형에 비해서 용이하다.

④ PER는 이익의 크기가 다른 비슷한 기업 조직들의 주가수준을 쉽게 비교할 수 있는 특징을 지니고 있다.

⑤ 주가수익비율 자체는 현 주가를 이익에 의해 상대적으로 표현하는 것으로 좋은 투자지표가 된다고 할 수 있다.

69. 다음 중 선물계약(Futures Contract)에 대한 설명으로 바르지 않은 것은?

① 선물의 매입 및 매도에 있어 비용이나 수익 등은 발생하게 된다.

② 최초의 거래 시점에서 선물거래의 가치는 0이다.

③ 선물거래로 인한 손익의 기댓값은 0이다.

④ 선물매입자와 매도자의 손익을 합산하면 항상 0이 된다.

⑤ 만기에 기초자산을 선물가격으로 인수함으로써 거래는 청산되게 된다.

70. 다음 중 POS 시스템에 관한 설명으로 바르지 않은 것은?

① POS 터미널의 도입에 의해 판매원 교육 및 훈련시간이 길어지고 이로 인해 입력 오류가 빈번해졌다.

② 전자주문 시스템과 연계하여 신속하고 적절한 구매를 할 수 있다.

③ 단품관리에 의해 잘 팔리는 상품과 잘 팔리지 않는 상품을 즉각적으로 찾아낼 수 있다.

④ 재고의 적정화, 물류관리의 합리화, 판촉전략의 과학화 등을 가져올 수 있다.

⑤ 점포등록시간이 단축되어 고객대기시간이 줄어들며, 그로 인해 계산대의 수를 줄임으로써 인력 및 비용절감의 효과를 얻을 수 있다.

71. 다음 고객관계관리(CRM)에 대한 설명으로 바르지 않은 것은?

① CRM은 Customer Relationship Management의 약어이다.

② CRM은 '고객과 어떠한 관계를 형성해 나갈 것인가'보다는 '단순히 제품을 판매'하는 것에 주안점을 두고 있다.

③ CRM을 구현하기 위해서 고객 통합 데이터베이스가 구축되어야 하고, 구축된 DB로 고객 특성을 분석하고 고객 개개인의 행동을 예측해서 다양한 마케팅 채널과 연계되어야 한다.

④ CRM은 고객의 정보, 다시 말해 데이터베이스를 기반으로 고객을 세부적으로 분류해서 효과적이면서 효율적인 마케팅 전략을 개발하는 경영전반에 걸친 관리체계이며, 이를 정보기술이 밑받침되어 구성된다.

⑤ 기업이 고객과 관련된 내외부 자료를 분석 및 통합하여 고객 중심의 자원을 극대화하고 이를 기반으로 고객의 특성에 맞게 마케팅 활동을 계획, 지원, 평가하는 과정인 것이다.

72. 다음 내용은 X이론에 관련한 것이다. 이 중 가장 거리가 먼 것을 고르면?

① 변화에 대해서 싫어하여 저항하는 경향을 보인다.

② 대다수의 사람들은 게으르고 일하기를 싫어하는 경향을 보인다.

③ 타인중심적이고 조직의 요구에 많은 관심을 가지는 경향을 보인다.

④ 양심도 없고 책임지기를 싫어하는 경향을 보인다.

⑤ 지시에 따르는 걸 좋아하는 경향을 보인다.

73. 다음 중 직무만족에 대한 설명으로 가장 거리가 먼 것은?

① 직무만족이 높은 사람일수록 직장을 그만둘 확률이 낮다.

② 직무만족이 높을수록 조직시민행동이 적게 나타난다.

③ 직무만족은 개인이 직무나 직무경험에 대한 평가의 결과로 얻게 되는 감정의 상태이다.

④ 직무만족은 사람, 문화에 따라 어느 차원에 대한 만족을 더 중요시 하는가가 다르다.

⑤ 직무만족은 단일 파원이 아닌 다차원의 개념이며 조직의 다양한 성과요인들과 관련된다.

74. 다음 중 거래적 리더십에 대한 설명으로 바르지 않은 것은?

① 구성원들이 규칙 및 관례에 따르기를 선호한다.

② 구성원들에게 즉각적이면서도 가시적인 보상으로 동기를 부여한다.

③ 소극적인 성격을 지닌다.

④ 리더십 요인으로는 업적에 의한 보상 등이 있다.

⑤ 장기적인 효과 및 가치를 창조하는 데 관심을 두고 있다.

75. 다음 Mcclleland의 성취동기이론에서 가장 강조되는 욕구는 무엇인가?

① 성격욕구

② 존경욕구

③ 성취욕구

④ 친교욕구

⑤ 권력욕구

76. 다음 중 관료제 조직관에 대한 내용으로 바르지 않은 것은?

① 사적인 요구 및 관심이 조직 활동과는 완전하게 분리된다.

② 선발 및 승진결정에 있어서 기술적인 자질, 능력, 업적 등에 근거한다.

③ 조직 내 경력경로를 제공하여 직장 안정을 확보한다.

④ 개인적인 특성, 기호 등이 개입되지 않도록 동일한 제재 및 강제력을 적용한다.

⑤ 관료제 조직관은 작업상의 유동성을 보장한다.

77. 다음 중 아래의 그림과 관련된 설명으로 보기 어려운 것을 고르면?

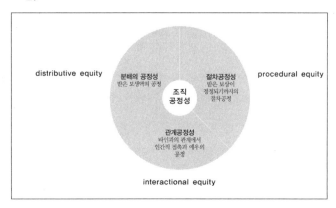

① 위 그림과 관련되는 조직공정성의 3가지 측면은 분배적, 절차적, 관계적 공정성이다.

② 분배적 공정성은 회사 조직의 자원을 구성원들 사이에 공평하게 분배했느냐의 문제를 말한다.

③ 절차적 공정성은 회사 조직의 의사결정과정이 공정했느냐의 여부를 말한다.

④ 개인이 불공정성을 지각하면 대개 부족한 보상에 따른 불만이나 과다한 보상에 따른 부담감이나 불안감을 나타내어 불공정성을 증가시키는 방향으로 동기부여 된다.

⑤ 관계적 공정성은 인간관계에서 인간적인 대우를 포함한 질적인 차원에서의 공정성을 말한다.

78. 다음 중 내부 마케팅에 대한 내용으로 적절하지 않은 것은?

① 자격을 지닌 구성원의 선발, 구성원이 직무에 만족할 수 있도록 직무의 환경을 조성해 준다.

② 구성원이 기업 지향적인 인식 및 태도를 지닐 수 있도록 동기부여를 하고 개발시킨다.

③ 구성원을 최초의 고객으로 바라본다.

④ 좋은 서비스를 존중한다는 것은 좋은 서비스를 중요시하고 이를 높게 평가한다는 것을 의미한다.

⑤ 접점 구성원(종사원)은 외부환경 및 조직 내부 운영 활동 간 연결고리 역할을 한다.

79. 통상적으로 제품수명주기는 "도입기-성장기-성숙기-쇠퇴기"로 구분된다. 다음 박스 안의 내용은 제품수명주기(PLC)중 "도입기-성장기-성숙기-쇠퇴기" 중 어느 한 부분에 관련한 설명이다. 이 시기에 대한 설명으로 가장 바르지 않은 것을 고르면?

> 연철이와 용구는 칼로리는 낮추면서 청량감을 주는 맥주를 개발하였다. 하지만, 자본도 부족하고 주류시장에서는 한참 후발주자인 두 사람은 시장에 진입하기 위한 전략을 짜게 되었고 구체적인 마케팅 방법도 고안해 내고 진입시점을 고려하고 있다.

① 제품수정이 이루어지지 않은 기본형 제품이 생산된다.

② 획기적인 맥주를 개발하였기 때문에 별다른 수고도 없으며 유통촉진비용 또한 필요 없다.

③ 이익이 전혀 없거나, 혹은 "-"이거나, 있다 해도 이익수준이 극히 낮다.

④ 제품에 대한 인지도나 수용도가 낮고, 판매성장률 또한 매우 낮다.

⑤ 구매가능성이 가장 높은 고객에게 판매의 초점을 맞추고, 일반적으로 가격은 높게 책정되는 경향이 있다.

80. 미국에서 유래한 경영혁신기법으로 기존의 프로세스를 처음부터 다시 생각하고 최신의 기술과 지식을 바탕으로 프로세스를 재설계하는 방법은?

① TQM(total quality management)

② BPR(business process reengineering)

③ BM(benchmarking)

④ ERP(enterprise resource planning)

대구도시철도공사

사무직

기출동형 모의고사

	영 역	직업기초능력평가 경영학개론
제 2 회	문항수	80문항
	시 간	80분
	비 고	객관식 5지선다형

SEOWONGAK

(주)서원각

제2회 기출동형 모의고사

✏️ **직업기초능력평가(40문항)**

1. 다음 보도자료 작성 요령을 참고할 때, 적절한 보도자료 문구를 〈보기〉에서 모두 고른 것은?

1. 인명과 호칭
〈우리나라 사람의 경우〉
• 우리나라 사람의 인명은 한글만 쓴다. 동명이인 등 부득이한 경우에만 괄호 안에 한자를 써준다.
• 직함은 소속기관과 함께 이름 뒤에 붙여 쓴다.
• 두 명 이상의 이름을 나열할 경우에는 맨 마지막 이름 뒤에 호칭을 붙인다.
〈외국인의 경우〉
• 중국 및 일본사람의 이름은 현지음을 한글로 외래어 표기법에 맞게 쓰고 괄호 안에 한자를 쓴다. 한자가 확인이 안 될 경우에는 현지음만 쓴다.
• 기타 외국인의 이름은 현지발음을 외래어 표기법에 맞게 한글로 적고 성과 이름 사이를 띄어 쓴다.
2. 지명
• 장소를 나타내는 국내 지명은 광역시·도→시·군·구→동·읍·면·리 순으로 표기한다.
• 시·도명은 줄여서 쓴다.
• 자치단체명은 '서울시', '대구시', '경기도', '전남도' 등으로 적는다.
• 중국과 일본 지명은 현지음을 한글로 외래어 표기법에 맞게 쓰고 괄호 안에 한자를 쓴다.(확인이 안 될 경우엔 현지음과 한자 중 택1)
• 외국 지명의 번역명이 통용되는 경우 관용에 따른다.
3. 기관·단체명
• 기관이나 단체 이름은 처음 나올 때는 정식 명칭을 적고 약칭이 있으면 괄호 안에 넣어주되 행정부처 등 관행화된 것은 넣지 않는다. 두 번째 표기부터는 약칭을 적는다.
• 기관이나 단체명에 대표 이름을 써야 할 필요가 있을 때는 괄호 안에 표기한다.
• 외국의 행정부처는 '부', 부처의 장은 '장관'으로 표기한다. 단, 한자권 지역은 그 나라에서 쓰는 정식명칭을 따른다.
• 국제기구나 외국 단체의 경우 처음에는 한글 명칭과 괄호 안에 영문 약어 표기를 쓴 다음 두 번째부터는 영문 약어만 표기한다.
• 언론기관 명칭은 AP, UPI, CNN 등 잘 알려진 경우는 영문을 그대로 사용하되 잘 알려지지 않은 기관은 그 앞에 설명을 붙여 준다.
• 약어 영문 이니셜이 우리말로 굳어진 것은 우리말 발음대로 표기한다.

〈보기〉
㉮ '최한국 사장, 조대한 사장, 강민국 사장을 등 재계 주요 인사들은 모두 ～'
㉯ '버락오바마 미국 대통령의 임기는 ～'
㉰ '절강성 온주에서 열리는 박람회에는 ～'
㉱ '국제노동기구(ILO) 창설 기념일과 때를 같이하여 ILO 회원국들은 ～'

① ㉯
② ㉱
③ ㉮, ㉯
④ ㉮, ㉰, ㉱
⑤ ㉯, ㉰, ㉱

2. 아래의 글을 읽고 컨스터블의 풍경화에 대한 내용으로 적절한 것을 고르면?

수확을 앞둔 밀밭 사이로 양 떼를 몰고 가는 양치기 소년과 개, 이른 아침 농가의 이층 창밖으로 펼쳐진 청록의 들녘 등, 이런 평범한 시골 풍경을 그린 컨스터블(1776~1837)은 오늘날 영국인들에게 사랑을 받는 영국의 국민 화가이다. 현대인들은 그의 풍경화를 통해 영국의 전형적인 농촌 풍경을 떠올리지만, 사실 컨스터블이 활동하던 19세기 초반까지 이와 같은 소재는 풍경화의 묘사 대상이 아니었다. 그렇다면 평범한 농촌의 일상 정경을 그린 컨스터블은 왜 영국의 국민 화가가 되었을까?

컨스터블의 그림은 당시 풍경화의 주요 구매자였던 영국 귀족의 취향에서 어긋나 그다지 인기를 끌지 못했다. 당시 유행하던 픽처레스크 풍경화는 도식적이고 이상된 풍경 묘사에 치중했지만, 컨스터블의 그림은 평범한 시골의 전원 풍경을 사실적으로 묘사한 것처럼 보인다. 이 때문에 그의 풍경화는 자연에 대한 과학적이고 객관적인 관찰을 바탕으로, 아무도 눈여겨보지 않았던 평범한 농촌의 아름다운 풍경을 포착하여 표현해 낸 결과물로 여겨져 왔다. 객관적 관찰과 사실적 묘사를 중시하는 관점에서 보면 컨스터블은 당대 유행하던 화풍과 타협하지 않고 독창적인 화풍을 추구한 화가이다.

그러나 1980년대에 들어서면서 이와 같은 관점에 대해 의문을 제기하는 비판적 해석이 등장한다. 새로운 해석은 작품이 제작될 당시의 구체적인 사회적 상황을 중시하며 작품에서 지배 계급의 왜곡된 이데올로기를 읽어내는 데 중점을 둔다. 이 해석에 따르면 컨스터블의 풍경화는 당시 농촌의 모습을 있는 그대로 전달해 주지 않는다. 사실 컨스터블이 활동하던 19세기 전반 영국은 산업혁명과 더불어 도시화가 급속히 진행되어 전통적 농촌 사회가 와해되면서 농민 봉기가 급증하였다. 그런데 그의 풍경화에 등장하는 인물들은 거의 예외 없이 원경으로 포착되어 얼굴이나 표정을 알아보기 어렵다. 시골에서 나고 자라 복잡한 농기구까지 세밀하게 그릴 줄 알았던 컨스터블이 있는 그대로의 자연을 포착하려 했다면 왜 농민들의 모습은 구체적으로 표현하지 않았을까? 이는 풍경의 관찰자인 컨스터블과 풍경 속 인물들 간에는 항상 일정한 심리적 거리가 유지되고 있기 때문이다. 수정주의 미술 사학자들은 컨스터블의 풍경화에 나타나는 인물과 풍경의 불편한 동거는 바로 이러한 거리 두기에서 비롯한다고 주장하면서, 이 거리는 계급 간의 거리라고 해석한다. 지주의 아들이었던 그는 19세기 전반 영국 농촌 사회의 불안한 모습을 애써 외면했고, 그 결과 농민들은 적당히 화면에서 떨어져 있도록 배치하여 결코 그들의 일그러지고 힘든 얼굴을 볼 수 없게 하였다는 것이다.

여기서 우리는 위의 두 견해가 암암리에 공유하는 기본 전제에 주목할 필요가 있다. 두 견해는 모두 작품이 가진 의미의 생산자를 작가로 보고 있다. 유행을 거부하고 남들이 보지 못한 평범한 농촌의 아름다움을 발견한 '천재' 컨스터블이나 지주 계급 출신으로 불안한 농촌 현실을 직시하지 않으려 한 '반동적' 컨스터블은 결국 동일한 인물로서 작품의 제작자이자 의미의 궁극적 생산자로 간주된다. 그러나 생산자가 있으면 소비자가 있게 마련이다. 기존의 견해는 소비자의 역할에 주목하지 않았다. 하지만 소비자는 생산자가 만들어낸 작품을 수동적으로 수용하는 존재가 아니다. 미술 작품을 포함한 문화적 텍스트의 의미는 그 텍스트를 만들어 낸 생산자나 텍스트 자체에 내재하는 것이 아니라 텍스트를 수용하는 소비자와의 상호 작용에 의해 결정된다. 다시 말해 수용자는 이해와 수용의 과정을 통해 특정 작품의 의미를 끊임없이 재생산하는 능동적 존재인 것이다. 따라서 앞에서 언급한 해석들은 컨스터블 풍경화가 함축한 의미의 일부만 드러낸 것이고 나머지 의미는 그것을 바라보는 감상자의 경험과 기대가 투사되어 채워지는 것이라고 할 수 있다.

즉 컨스터블의 풍경화가 지니는 가치는 풍경화 그 자체가 아니라 감상자의 의미 부여에 의해 완성되는 것이다. 이런 관점에서 보면 컨스터블의 풍경화에 담긴 풍경이 실재와 얼마나 일치하는가는 크게 문제가 되지 않는다.

① 목가적인 전원을 그려 당대에 그에게 큰 명성을 안겨 주었다.
② 사실적 화풍으로 제작되어 당시 영국 귀족들에게 선호되지 못했다.
③ 서정적인 농촌 정경을 담고 있는 전형적인 픽처레스크 풍경화이다.
④ 세부 묘사가 결여되어 있어 그가 인물 표현에는 재능이 없었음을 보여준다.
⑤ 객관적 관찰에 기초하여 19세기 전반 영국 농촌의 현실을 가감 없이 그려 냈다.

▌3~4▐ 아래의 글을 읽고 물음에 답하시오.

사진이 등장하면서 회화는 대상을 사실적으로 재현(再現)하는 역할을 사진에 넘겨주게 되었고, 그에 따라 화가들은 회화의 의미에 대해 고민하게 되었다. 19세기 말 등장한 인상주의와 후기 인상주의는 전통적인 회화에서 중시되었던 사실주의적 회화 기법을 거부하고 회화의 새로운 경향을 추구하였다.

인상주의 화가들은 색이 빛에 의해 시시각각 변화하기 때문에 대상의 고유한 색은 존재하지 않는다고 생각하였다. 인상주의 화가 모네는 대상을 사실적으로 재현하는 회화적 전통에서 벗어나기 위해 빛에 따라 달라지는 사물의 색채와 그에 따른 순간적 인상을 표현하고자 하였다.

모네는 대상의 세부적인 모습보다는 전체적인 느낌과 분위기, 빛의 효과에 주목했다. 그 결과 빛에 의한 대상의 순간적 인상을 포착하여 대상을 빠른 속도로 그려 내었다. 그에 따라 그림에 거친 붓 자국과 물감을 덩어리로 찍어 바른 듯한 흔적이 남아 있는 경우가 많았다. 이로 인해 대상의 윤곽이 뚜렷하지 않아 색채 효과가 형태 묘사를 압도하는 듯한 느낌을 준다.

이와 같은 기법은 그가 사실적 묘사에 더 이상 치중하지 않았음을 보여 주는 것이었다. 그러나 모네 역시 대상을 '눈에 보이는 대로' 표현하려 했다는 점에서 이전 회화에서 추구했던 사실적 표현에서 완전히 벗어나지는 못했다는 평가를 받았다.

후기 인상주의 화가들은 재현 위주의 사실적 회화에서 근본적으로 벗어나는 새로운 방식을 추구하였다. 후기 인상주의 화가 세잔은 "회화에는 눈과 두뇌가 필요하다. 이 둘은 서로 도와야 하는데, 모네가 가진 것은 눈뿐이다."라고 말하면서 사물의 눈에 보이지 않는 형태까지 찾아 표현하고자 하였다. 이러한 시도는 회화란 지각되는 세계를 재현하는 것이 아니라 대상의 본질을 구현해야 한다는 생각에서 비롯되었다.

세잔은 하나의 눈이 아니라 두 개의 눈으로 보는 세계가 진실이라고 믿었고, 두 눈으로 보는 세계를 평면에 그리려고 했다. 그는 대상을 전통적 원근법에 억지로 맞추지 않고 이중 시점을 적용하여 대상을 다른 각도에서 바라보려 하였고, 이를 한 폭의 그림 안에 표현하였다. 또한 질서 있는 화면 구성을 위해 대상의 선택과 배치가 자유로운 정물화를 선호하였다.

세잔은 사물의 본질을 표현하기 위해서는 '보이는 것'을 그리는 것이 아니라 '아는 것'을 그려야 한다고 주장하였다. 그 결과 자연을 관찰하고 분석하여 사물은 본질적으로 구, 원통, 원뿔의 단순한 형태로 이루어졌다는 결론에 도달하였다. 이를 회화에서 구현하기 위해 그는 이중 시점에서 더 나아가 형태를 단순화하여 대상의 본질을 표현하려 하였고, 윤곽선을 강조하여 대상의 존재감을 부각하려 하였다. 회화의 정체성에 대한 고민에서 비롯된 ⊙그의 이러한 화풍은 입체파 화가들에게 직접적인 영향을 미치게 되었다.

3. 윗글의 내용과 일치하지 않는 것은?

① 사진은 화가들이 회화의 의미를 고민하는 계기가 되었다.
② 전통 회화는 대상을 사실적으로 묘사하는 것을 중시했다.
③ 모네의 작품은 색채 효과가 형태 묘사를 압도하는 듯한 느낌을 주었다.
④ 모네는 대상의 고유한 색 표현을 위해서 전통적인 원근법을 거부하였다.
⑤ 세잔은 사물이 본질적으로 구, 원통, 원뿔의 형태로 구성되어 있다고 보았다.

4. 〈보기〉를 바탕으로 할 때, 세잔의 화풍을 ⊙과 같이 평가한 이유로 가장 적절한 것은?

〈보기〉
입체파 화가들은 사물의 본질을 표현하고자 대상을 입체적 공간으로 나누어 단순화한 후, 여러 각도에서 바라보는 관점으로 사물을 해체하였다가 화폭 위에 재구성하는 방식을 취하였다. 이러한 기법을 통해 관찰자의 위치와 각도에 따라 각기 다르게 보이는 대상의 다양한 모습을 한 화폭에 담아내려 하였다.

① 대상의 본질을 드러내기 위해 다양한 각도에서 바라보아야 한다는 관점을 제공하였기 때문에
② 대상을 복잡한 형태로 추상화하여 대상의 전체적인 느낌을 부각하는 방법을 시도하였기 때문에
③ 사물을 최대한 정확하게 묘사하기 위해 전통적 원근법을 독창적인 방법으로 변용시켰기 때문에
④ 시시각각 달라지는 자연을 관찰하고 분석하여 대상의 인상을 그려 내는 화풍을 정립하였기 때문에
⑤ 지각되는 세계를 있는 그대로 표현하기 위해 사물을 해체하여 재구성하는 기법을 창안하였기 때문에

5. 다음은 농어촌 주민의 보건복지 증진을 위해 추진하고 있는 방안을 설명하는 글이다. 주어진 단락 ㈎~㈙ 중 농어촌의 사회복지 서비스를 소개하고 있는 단락은 어느 것인가?

㈎ 「쌀 소득 등의 보전에 관한 법률」에 따른 쌀 소득 등 보전 직접 지불금 등은 전액 소득인정액에 반영하지 않으며, 농어민 가구가 자부담한 보육비용의 일부, 농어업 직접 사용 대출금의 상환이자 일부 등을 소득 산정에서 제외하고 있다. 또한 경작농지 등 농어업과 직접 관련되는 재산의 일부에 대해서도 소득환산에서 제외하고 있다.
㈏ 2019년까지 한시적으로 농어민에 대한 국민연금보험료 지원을 실시하고 있다. 기준소득 금액은 910천 원으로 본인이 부담할 연금 보험료의 1/2를 초과하지 않는 범위 내에서 2015년 최고 40,950원/월을 지원하였다.
㈐ 급격한 농어촌 고령화에 따라 농어촌 지역에 거주하는 보호가 필요한 거동불편노인, 독거노인 등에게 맞춤형 대책을 제공하기 위한 노인돌보기, 농어촌 지역 노인의 장기 요양 욕구 충족 및 부양가족의 부담 경감을 위한 노인요양시설 확충 등을 추진하고 있다.
㈑ 농어촌 지역 주민의 암 조기발견 및 조기치료를 유도하기 위한 국가 암 검진 사업을 지속적으로 추진하고, 농어촌 재가암환자서비스 강화를 통하여 농어촌 암환자의 삶의 질 향상, 가족의 환자 보호·간호 등에 따른 부담 경감을 도모하고 있다.
㈒ 휴·폐경농지, 3년 이상 계속 방치된 빈 축사 및 양식장 등은 건강보험료 산정 시 재산세 과세표준금액의 20%를 감액하여 적용하는 등 보험료 부과 기준을 완화하여 적용하고 있다. 소득·재산 등 보험료 납부 능력 여부를 조사하여 납부 능력이 없는 세대는 체납보험료를 결손 처분하고 의료급여 수급권자로 전환하고 있다.

① ㈎
② ㈏
③ ㈐
④ ㈑
⑤ ㈒

6. 다음에 해당하는 언어의 기능은?

> 이 기능은 우리가 세계를 이해하는 정도에 비례하여 수행된다. 그러면 세계를 이해한다는 것은 무엇인가? 그것은 이 세상에 존재하는 사물에 대하여 이름을 부여함으로써 발생하는 것이다. 여기 한 그루의 나무가 있다고 하자. 그런데 그것을 나무라는 이름으로 부르지 않는 한 그것은 나무로서의 행세를 못한다. 인류의 지식이라는 것은 인류가 깨달아 알게 되는 모든 대상에 대하여 이름을 붙이는 작업에서 형성되는 것이라고 말해도 좋다. 어떤 사물이건 거기에 이름이 붙으면 그 사물의 개념이 형성된다. 다시 말하면, 그 사물의 의미가 확정된다. 그러므로 우리가 쓰고 있는 언어는 모두가 사물을 대상화하여 그것에 의미를 부여하는 이름이라고 할 수 있다.

① 정보적 기능
② 친교적 기능
③ 명령적 기능
④ 관어적 기능
⑤ 미적 기능

7. 다음 사례를 통해 알 수 있는 소셜 미디어의 특징으로 가장 적절한 것은?

> ○○일보
>
> 2018년 1월 15일
>
> 소셜미디어의 활약, 너무 반짝반짝 눈이 부셔!
>
> 자연재해 시마다 소셜미디어의 활약이 눈부시다. 지난 14일 100년만의 폭설로 인해 지하철 운행이 중단되고 곳곳의 도로가 정체되는 등 교통대란이 벌어졌지만 많은 사람들이 스마트폰의 도움으로 최악의 상황을 피할 수 있었다.
>
> 누리꾼들은, 폭설로 인한 전력공급 중단으로 지하철 1호선 영등포역 정차 중 올림픽대로 상행선 가양대교부터 서강대교까지 정체 중 등 서로 소셜미디어를 통해 실시간 피해 상황을 주고받았으며 이로 인해 출근 준비 중이던 대부분의 시민들은 다른 교통수단으로 혼란 없이 회사로 출근할 수 있었다.

① 정보전달방식이 일방적이다.
② 상위계층만 누리던 고급문화가 대중화된 사례이다.
③ 정보의 무비판적 수용을 조장한다.
④ 정보수용자와 제공자 간의 경계가 모호하다.
⑤ 정보 습득을 위한 비용이 많이 든다.

8. 두 과학자 진영 A와 B의 진술 내용과 부합하지 않는 것은?

> 우리 은하와 비교적 멀리 떨어져 있는 은하들이 모두 우리 은하로부터 점점 더 멀어지고 있다는 사실이 확인되었다. 이 사실을 두고 우주의 기원과 구조에 대해 서로 다른 견해를 가진 두 진영이 다음과 같이 논쟁하였다.
>
> A진영 : 우주는 시간적으로 무한히 오래되었다. 우주가 팽창하는 것은 사실이다. 그렇다고 우리 견해가 틀렸다고 볼 필요는 없다. 우주는 팽창하지만 전체적으로 항상성을 유지한다. 은하와 은하가 멀어질 때 그 사이에서 물질이 연속적으로 생성되어 새로운 은하들이 계속 형성되기 때문이다. 비록 우주는 약간씩 변화가 있겠지만, 우주 전체의 평균 밀도는 일정하게 유지된다. 만일 은하 사이에서 새로 생성되는 은하를 관측한다면, 우리의 가설을 입증할 수 있다. 반면 우주가 자그마한 씨앗으로부터 대폭발에 의해 생겨났다는 주장은 터무니없다. 이처럼 방대한 우주의 물질과 구조가 어떻게 그토록 작은 점에 모여 있을 수 있겠는가?
>
> B진영 : A의 주장은 터무니없다. 은하 사이에서 새로운 은하가 생겨난다면 도대체 그 물질은 어디서 온 것이라는 말인가? 은하들이 우리 은하로부터 점점 더 멀어지고 있다는 사실은 오히려 우리 견해가 옳다는 것을 입증할 뿐이다. 팽창하는 우주를 거꾸로 돌린다면 우주가 시공간적으로 한 점에서 시작되었다는 결론을 얻을 수 있다. 만일 우주 안의 모든 물질과 구조가 한 점에 있었다면 초기 우주는 현재와 크게 달랐을 것이다. 대폭발 이후 우주의 물질들은 계속 멀어지고 있으며 우주의 밀도는 계속 낮아지고 있다. 대폭발 이후 방대한 전자기파가 방출되었는데, 만일 우리가 이를 관측한다면, 우리의 견해가 입증될 것이다.

① A에 따르면 물질의 총 질량이 보존되지 않는다.
② A에 따르면 우주는 시작이 없고, B에 따르면 우주는 시작이 있다.
③ A에 따르면 우주는 국소적인 변화는 있으나 전체적으로는 변화가 없다.
④ A와 B는 인접한 은하들 사이의 평균 거리가 커진다는 것을 받아들인다.
⑤ A와 B는 은하가 서로 멀어질 때 새로운 은하들이 형성된다고 보았다.

9. 에너지 신산업에 대한 다음과 같은 정의를 참고할 때, 다음 중 에너지 신산업 분야의 사업으로 보기에 가장 적절하지 않은 것은 어느 것인가?

2015년 12월, 세계 195개국은 프랑스 파리에서 UN 기후변화협약을 체결, 파리기후변화 협약에 따른 신기후체제의 출범으로 온실가스 감축은 선택이 아닌 의무가 되었으며, 이에 맞춰 친환경 에너지시스템인 에너지 신산업이 대두되었다. 에너지 신산업은 기후변화 대응, 미래 에너지 개발, 에너지 안보, 수요 관리 등 에너지 분야의 주요 현안을 효과적으로 해결하기 위한 '문제 해결형 산업'이다. 에너지 신산업 정책으로는 전력 수요관리, 에너지 관리 통합서비스, 독립형 마이크로그리드, 태양광 렌탈, 전기 차 서비스 및 유료충전, 화력발전 온배수열 활용, 친환경에너지타운, 스마트그리드 확산사업 등이 있다.

① 에너지 프로슈머 시장의 적극 확대를 위한 기반 산업 보강
② 전기 차 확대보급을 실시하기 위하여 전기 차 충전소 미비 지역에 충전소 보급 사업
③ 신개념 건축물에 대한 관심도 제고를 위한 고효율 제로에너지 빌딩 확대 사업
④ 폐열과 폐냉기의 재활용을 통한 에너지 사용량 감축과 친환경 에너지 창출 유도 산업
⑤ 분산형 전원으로 에너지 자립 도시 건립을 위한 디젤 발전기 추가 보급 사업

10. 다음 주어진 관계에 따라 가돌이가 좋아할 가능성이 있는 사람으로만 묶인 것은?

'랄라'라는 마을에는 한 사람이 다른 사람을 일방적으로 좋아하는 경우는 없다. 즉 A가 B를 좋아한다는 것은 B도 A를 좋아한다는 것을 뜻한다. 그리고 랄라 마을에 사는 사람들은 애매한 관계를 싫어하기 때문에 이들의 관계는 좋아하거나 좋아하지 않는 것 두 가지뿐이다. 이 마을에는 가돌, 나돌, 다돌, 라돌, 마돌, 바돌만이 살고 있으며 이들의 관계는 다음과 같다.

㉠ 가돌이가 마돌이를 좋아하면 라돌이는 가돌이를 좋아하지 않는다.
㉡ 나돌이는 가돌이를 좋아하거나 가돌이는 다돌이를 좋아한다.
㉢ 바돌이가 가돌이를 좋아하면 라돌이는 다돌이를 좋아하거나 가돌이는 라돌이를 좋아한다.
㉣ 마돌이가 가돌이를 좋아하지 않으면 가돌이를 좋아하는 사람은 아무도 없다.
㉤ 다돌이는 가돌이를 좋아하지 않는 사람들은 좋아하지 않는다.
㉥ 가돌이와 나돌이가 서로 좋아하지 않고 가돌이가 다돌이를 좋아하지 않으면 가돌이는 아무도 좋아하지 않는다.

① 나돌, 라돌
② 나돌, 다돌, 라돌
③ 나돌, 다돌, 마돌
④ 다돌, 마돌, 바돌
⑤ 바돌, 마돌

11. 甲은 자신의 전시회 오픈 파티에 동창인 A, B, C, D, E, F 6명을 초대하였다. 6인의 친구들은 서로가 甲의 전시회에 초대 받은 사실을 알고 있으며 다음과 같은 원칙을 정하여 참석하기로 했다. 참석하게 될 최대 인원은 몇 명인가?

• A가 파티에 참석하면 C와 F도 참석한다.
• E는 D가 참석하는 경우에만 파티에 참석하고, C는 B가 참석하는 경우에만 파티에 참석할 예정이다.
• A와 B는 서로 사이가 좋지 않아 B가 참석하면 A는 파티에 참석하지 않을 예정이다.
• D나 F가 참석하면 A는 파티에 참석한다.

① 1명
② 2명
③ 3명
④ 4명
⑤ 5명

12. 〈보기〉는 문제를 지혜롭게 처리하기 위한 단계별 방법을 나열한 것이다. 올바른 문제처리 절차에 따라 ㈎~㈐의 순서를 재배열한 것은 어느 것인가?

〈보기〉
㈎ 당초 장애가 되었던 문제의 원인들을 해결안을 사용하여 제거한다.
㈏ 문제로부터 도출된 근본 원인을 효과적으로 해결할 수 있는 최적의 해결방안을 수립한다.
㈐ 파악된 핵심문제에 대한 분석을 통해 근본 원인을 도출해 본다.
㈑ 선정된 문제를 분석하여 해결해야 할 것이 무엇인지를 명확히 결정한다.
㈒ 해결해야 할 전체 문제를 파악하여 우선순위를 정하고, 선정문제에 대한 목표를 명확히 한다.

① ㈒-㈑-㈐-㈏-㈎
② ㈑-㈒-㈐-㈎-㈏
③ ㈑-㈐-㈏-㈎-㈒
④ ㈎-㈏-㈒-㈑-㈐
⑤ ㈒-㈐-㈑-㈎-㈏

13. 다음은 폐기물관리법의 일부이다. 제시된 내용을 참고할 때 옳은 것은?

제00조 이 법에서 말하는 폐기물이란 쓰레기, 연소재, 폐유, 폐알칼리 및 동물의 사체 등으로 사람의 생활이나 사업활동에 필요하지 않게 된 물질을 말한다.

제00조
① 도지사는 관할 구역의 폐기물을 적정하게 처리하기 위하여 환경부장관이 정하는 지침에 따라 10년마다 '폐기물 처리에 관한 기본계획'(이하 '기본계획'이라 한다)을 세워 환경부장관의 승인을 받아야 한다. 승인사항을 변경하려 할 때에도 또한 같다. 이 경우 환경부장관은 기본계획을 승인하거나 변경 승인하려면 관계 중앙행정기관의 장과 협의하여야 한다.
② 시장·군수·구청장은 10년마다 관할 구역의 기본계획을 세워 도지사에게 제출하여야 한다.
③ 제1항과 제2항에 따른 기본계획에는 다음 각 호의 사항이 포함되어야 한다.
1. 관할 구역의 지리적 환경 등에 관한 개황
2. 폐기물의 종류별 발생량과 장래의 발생 예상량
3. 폐기물의 처리 현황과 향후 처리 계획
4. 폐기물의 감량화와 재활용 등 자원화에 관한 사항
5. 폐기물처리시설의 설치 현황과 향후 설치 계획
6. 폐기물 처리의 개선에 관한 사항
7. 재원의 확보계획

제00조
① 환경부장관은 국가 폐기물을 적정하게 관리하기 위하여 전조 제1항에 따른 기본계획을 기초로 '국가 폐기물관리 종합계획'(이하 '종합계획'이라 한다)을 10년마다 세워야 한다.
② 환경부장관은 종합계획을 세운 날부터 5년이 지나면 그 타당성을 재검토하여 변경할 수 있다.

① 재원의 확보계획은 기본계획에 포함되지 않아도 된다.
② A도 도지사가 제출한 기본계획을 승인하려면, 환경부장관은 관계 중앙행정기관의 장과 협의를 거쳐야 한다.
③ 환경부장관은 국가 폐기물을 적정하게 관리하기 위하여 10년마다 기본계획을 수립하여야 한다.
④ B군 군수는 5년마다 종합계획을 세워 환경부장관에게 제출하여야 한다.
⑤ 기본계획 수립 이후 5년이 경과하였다면, 환경부장관은 계획의 타당성을 재검토하여 계획을 변경하여야 한다.

14. 다음 글의 내용이 참일 때 최종 선정되는 단체는 어디인가?

문화체육관광부는 우수 문화예술 단체 A, B, C, D, E 중 한 곳을 선정하여 지원하려 한다. 문화체육관광부의 금번 선정 방침은 다음 두 가지이다. 첫째, 어떤 형태로든 지원을 받고 있는 단체는 최종 후보가 될 수 없다. 둘째, 최종 선정 시 올림픽 관련 단체를 엔터테인먼트 사업(드라마, 영화, 게임) 단체보다 우선한다.

A 단체는 자유무역협정을 체결한 필리핀에 드라마 콘텐츠를 수출하고 있지만 올림픽과 관련한 사업은 하지 않는다. B 단체는 올림픽의 개막식 행사를, C 단체는 올림픽의 폐막식 행사를 각각 주관하는 단체이다. E 단체는 오랫동안 한국 음식문화를 세계에 보급해 온 단체이다. A와 C 단체 중 적어도 한 단체가 최종 후보가 되지 못한다면, 대신 B와 E 중 적어도 한 단체는 최종 후보가 된다. 반면 게임 개발로 각광을 받는 단체인 D가 최종 후보가 된다면, 한국과 자유무역협정을 체결한 국가와 교역을 하는 단체는 모두 최종 후보가 될 수 없다.

후보 단체들 중 가장 적은 부가가치를 창출한 단체는 최종 후보가 될 수 없고, 최종 선정은 최종 후보가 된 단체 중에서만 이루어진다.

문화체육관광부의 조사 결과, 올림픽의 개막식 행사를 주관하는 모든 단체는 이미 보건복지부로부터 지원을 받고 있다. 그리고 위 문화예술 단체 가운데 한국 음식문화 보급과 관련된 단체의 부가가치 창출이 가장 저조하였다.

① A
② B
③ C
④ D
⑤ E

15. 다음 조건을 바탕으로 을순이의 사무실과 어제 갔던 식당이 위치한 곳을 올바르게 짝지은 것은?

> • 갑동, 을순, 병호는 각각 10동, 11동, 12동 중 한 곳에 사무실이 있으며 서로 같은 동에 사무실이 있지 않다.
> • 이들 세 명은 어제 각각 자신의 사무실이 있는 건물이 아닌 다른 동에 있는 식당에 갔으며, 서로 같은 동의 식당에 가지 않았다.
> • 병호는 12동에서 근무하며, 갑동이와 을순이는 어제 11동 식당에 가지 않았다.
> • 을순이는 병호가 어제 갔던 식당이 있는 동에서 근무한다.

	사무실	식당
①	11동	10동
②	10동	11동
③	12동	12동
④	11동	12동
⑤	10동	11동

16. 영업팀 직원인 갑, 을, 병 3명은 어젯밤 과음을 한 것으로 의심되고 있다. 이에 대한 이들의 진술이 다음과 같을 때, 과음을 한 것이 확실한 직원과 과음을 하지 않은 것이 확실한 직원을 순서대로 바르게 짝지은 것은? (단, 과음을 한 직원은 거짓말을 하고, 과음을 하지 않은 직원은 사실을 말하였다)

> 갑 : "우리 중 1명만 거짓말을 하고 있습니다."
> 을 : "우리 중 2명이 거짓말을 하고 있습니다."
> 병 : "갑, 을 중 1명만 거짓말을 하고 있습니다."

① 갑, 을
② 을, 아무도 없음
③ 갑, 아무도 없음
④ 갑과 을, 병
⑤ 아무도 없음, 을

17. 대인관계능력을 구성하는 하위능력 중 현재 동신과 명섭의 팀에게 가장 필요한 능력은 무엇인가?

> 올해 E그룹에 입사하여 같은 팀에서 근무하게 된 동신과 명섭은 다른 팀에 있는 입사동기들과 외딴 섬으로 신입사원 워크숍을 가게 되었다. 그 곳에서 각 팀별로 1박 2일 동안 스스로 의·식·주를 해결하며 주어진 과제를 수행하는 임무가 주어졌는데 동신은 부지런히 섬 이곳저곳을 다니며 먹을 것을 구해오고 숙박할 장소를 마련하는 등 솔선수범 하였지만 명섭은 단지 섬을 돌아다니며 경치 구경만 하고 사진 찍기에 여념이 없었다. 그리고 과제수행에 있어서도 동신은 적극적으로 임한 반면 명섭은 소극적인 자세를 취해 그 결과 동신과 명섭의 팀만 과제를 수행하지 못했고 결국 인사상의 불이익을 당하게 되었다.

① 리더십능력
② 팀워크능력
③ 협상능력
④ 고객서비스능력
⑤ 소통능력

18. 다음 사례에서 오 부장이 취할 행동으로 가장 적절한 것은?

> 오 부장이 다니는 J의류회사는 전국 각지에 매장을 두고 있는 큰 기업 중 하나이다. 따라서 매장별로 하루에도 수많은 손님들이 방문하며 그 중에는 옷에 대해 불만을 품고 찾아오는 손님들도 간혹 있다. 하지만 고지식하며 상부의 지시를 중시 여기는 오 부장은 이러한 사소한 일들도 하나하나 보고하여 상사의 지시를 받으라고 부하직원들에게 강조하고 있다. 그러다 보니 매장 직원들은 사소한 문제 하나라도 스스로 처리하지 못하고 일일이 상부에 보고를 하고 상부의 지시가 떨어지면 그때서야 문제를 해결한다. 이로 인해 자연히 불만고객에 대한 대처가 늦어지고 항의도 잇따르게 되었다. 오늘도 한 매장에서 소매에 단추 하나가 없어 이를 수선해 줄 것을 요청하는 고객의 불만을 상부에 보고해 지시를 기다리다가 결국 고객이 기다리지 못하고 환불요청을 한 사례가 있었다.

① 오 부장이 직접 그 고객에게 가서 불만사항을 처리한다.
② 사소한 업무처리는 매장 직원들이 스스로 해결할 수 있도록 어느 정도 권한을 부여한다.
③ 매장 직원들에게 고객의 환불요청에 대한 책임을 물어 징계를 내린다.
④ 앞으로 이러한 실수가 일어나지 않도록 옷을 수선하는 직원들의 교육을 다시 시킨다.
⑤ 사소한 일도 상사에게 보고하여 지시를 받도록 한다.

19. 무역회사에 근무하는 팀장 S씨는 오전 회의를 통해 신입사원 O가 작성한 견적서를 살펴보았다. 그러던 중 다른 신입사원에게 지시한 주문양식이 어떻게 진행되고 있는지를 묻기 위해 신입사원 M을 불렀다. M은 "K가 제대로 주어진 업무를 하지 못하고 있어서 저는 아직까지 계속 기다리고만 있습니다. 그래서 아직 완성하지 못했습니다."라고 하였다. 그래서 K를 불러 물어보니 "M의 말은 사실이 아닙니다."라고 변명을 하고 있다. 팀장 S씨가 할 수 있는 가장 효율적인 대처방법은?

① 사원들 간의 피드백이 원활하게 이루어지는지 확인한다.

② 팀원들이 업무를 하면서 서로 협력을 하는지 확인한다.

③ 의사결정 과정에 잘못된 부분이 있는지 확인한다.

④ 중재를 하고 문제가 무엇인지 확인한다.

⑤ 팀원들이 어떻게 갈등을 해결하는지 지켜본다.

20. 다음은 엄 팀장과 그의 팀원인 문식이의 대화이다. 다음 상황에서 엄 팀장이 주의해야 할 점으로 옳지 않은 것은?

> 엄 팀장 : 문식씨, 좋은 아침이군요. 나는 문식씨가 구체적으로 어떤 업무를 하길 원하는지, 그리고 새로운 업무 목표는 어떻게 이룰 것인지 의견을 듣고 싶습니다.
>
> 문식 : 솔직히 저는 현재 제가 맡고 있는 업무도 벅찬데 새로운 업무를 받은 것에 대해 달갑지 않습니다. 그저 난감할 뿐이죠.
>
> 엄 팀장 : 그렇군요. 그 마음 충분히 이해합니다. 하지만 현재 회사 여건상 인력감축은 불가피합니다. 현재의 인원으로 업무를 어떻게 수행할 수 있을지에 대해 우리는 계획을 세워야 합니다. 이에 대해 문식씨가 새로 맡게 될 업무를 검토하고 그것을 어떻게 달성할 수 있을지 집중적으로 얘기해 봅시다.
>
> 문식 : 일단 주어진 업무를 모두 처리하기에는 시간이 너무 부족합니다. 좀 더 다른 방법을 세워야 할 것 같아요.
>
> 엄 팀장 : 그렇다면 혹시 그에 대한 다른 대안이 있나요?
>
> 문식 : 기존에 제가 가지고 있던 업무들을 보면 없어도 될 중복된 업무들이 있습니다. 이러한 업무들을 하나로 통합한다면 새로운 업무를 볼 여유가 생길 것 같습니다.
>
> 엄팀장 : 좋습니다. 좀 더 구체적으로 말씀해 주시겠습니까?
>
> 문식 : 우리는 지금까지 너무 고객의 요구를 만족시키기 위해 필요 없는 절차들을 많이 따르고 있었습니다. 이를 간소화할 필요가 있다고 생각합니다.

> 엄 팀장 : 그렇군요. 어려운 문제에 대해 좋은 해결책을 제시해 줘서 정말 기쁩니다. 그렇다면 지금부터는 새로운 업무를 어떻게 진행시킬지, 그리고 그 업무가 문식씨에게 어떤 이점으로 작용할지에 대해 말씀해 주시겠습니까? 지금까지 문식씨는 맡은 업무를 잘 처리하였지만 너무 같은 업무만을 하다보면 도전정신도 없어지고 자극도 받지 못하죠. 이번에 새로 맡게 될 업무를 완벽하게 처리하기 위해 어떤 방법을 활용할 생각입니까?
>
> 문식 : 네. 사실 말씀하신 바와 같이 지금까지 겪어보지 못한 전혀 새로운 업무라 기분이 좋지는 않습니다. 하지만 반면 저는 지금까지 제 업무를 수행하면서 창의적인 능력을 사용해 보지 못했습니다. 이번 업무는 제게 이러한 창의적인 능력을 발휘할 수 있는 기회입니다. 따라서 저는 이번 업무를 통해 좀 더 창의적인 능력을 발휘해 볼 수 있는 경험과 그에 대한 자신감을 얻게 되었다는 점이 가장 큰 이점으로 작용할 것이라 생각됩니다.
>
> 엄 팀장 : 문식씨 정말 훌륭한 생각을 가지고 있군요. 이미 당신은 새로운 기술과 재능을 가지고 있다는 것을 우리에게 보여주고 있습니다.

① 지나치게 많은 정보와 지시를 내려 직원들을 압도한다.

② 어떤 활동을 다루고, 시간은 얼마나 걸리는지 등에 대해 구체적이고 명확하게 밝힌다.

③ 질문과 피드백에 충분한 시간을 할애한다.

④ 직원들의 반응을 이해하고 인정한다.

⑤ 핵심적인 질문으로 효과를 높인다.

21. 다음 중 팀워크에 대한 설명으로 옳지 않은 것은?

① 훌륭한 팀워크를 유지하기 위해서는 솔직한 대화로 서로를 이해하는 과정이 필요하다.

② 질투나 시기로 인한 파벌주의는 팀워크를 저해하는 요소이다.

③ 팀워크를 위해서는 공동의 목표의식과 상호 간의 신뢰가 중요하다.

④ 팀워크란 구성원으로 하여금 집단에 머물도록 만들고, 그 집단에 계속 남아 있기를 원하게 만드는 힘이다.

⑤ 구성원 상호간에 지원을 아끼지 않는다.

22. 갈등해결방법 모색 시 명심해야 할 사항으로 옳지 않은 것은?

① 다른 사람들의 입장 이해하기

② 어려운 문제에 맞서기

③ 어느 한쪽으로 치우치지 않기

④ 적극적으로 논쟁하기

⑤ 존중하는 자세로 대하기

23. 다음은 고객 불만 처리 프로세스이다. 빈칸에 들어갈 내용을 순서대로 나열한 것은?

경청→감사와 공감표시→( )→해결약속→( )→신속처리 →처리확인과 사과→( )

① 정보파악, 사과, 피드백

② 정보파악, 피드백, 사과

③ 사과, 정보파악, 피드백

④ 사과, 피드백, 정보파악

⑤ 사과, 조사, 계획

24. 다음은 설득의 기술 중 무엇에 대한 것인가?

상대에 대한 따뜻한 배려는 상대의 마음을 열게 하고 이는 곧 내 자신의 편으로 만들 가능성이 높아지는 것이다.

① 역지사지(易地思之)

② 차분한 논리

③ 촌철살인(寸鐵殺人)

④ 은근 및 끈기

⑤ 이심전심(以心傳心)

25. 다음은 한글 Windows 10의 휴지통에 관한 설명이다. 올바른 설명을 모두 고른 것은?

(가) 각 드라이브마다 휴지통의 크기를 다르게 설정하는 것이 가능하다.

(나) 원하는 경우 휴지통에 보관된 폴더나 파일을 직접 실행할 수도 있고 복원할 수도 있다.

(다) 지정된 휴지통의 용량을 초과하면 가장 오래 전에 삭제되어 보관된 파일부터 지워진다.

(라) 휴지통은 지워진 파일뿐만 아니라 시간, 날짜, 파일의 경로에 대한 정보까지 저장하고 있다.

① (가), (나), (다), (라)

② (가), (나), (라)

③ (나), (다), (라)

④ (가), (나), (다)

⑤ (가), (다), (라)

26. 다양한 정보 중 어떤 것들은 입수한 그 자리에서 판단해 처리하고 미련 없이 버리는 것이 바람직한 '동적정보' 형태인 것들이 있다. 다음 중 이러한 동적정보에 속하지 않는 것은?

① 각국의 해외여행 시 지참해야 할 물품을 기록해 둔 목록표

② 비행 전, 목적지의 기상 상태를 확인하기 위해 알아 본 인터넷 정보

③ 신문에서 확인한 해외 특정 국가의 질병 감염 가능성이 담긴 여행 자제 권고 소식

④ 입국장 검색 절차가 한층 복잡해졌음을 알리는 뉴스 기사

⑤ 각국의 환율과 그에 따른 원화가치 환산 그래프 자료

27. 국내에서 사용하는 인터넷 도메인(Domain)은 현재 2단계 도메인으로 구성되어 있다. 다음 중 도메인 종류와 해당 기관의 성격이 올바르게 연결되지 않은 것은?

① re.kr - 연구기관

② pe.kr - 개인

③ kg.kr - 유치원

④ ed.kr - 대학

⑤ mil.kr - 국방

28. 다음 (가)~(다)의 설명에 맞는 용어가 순서대로 올바르게 짝지어진 것은 어느 것인가?

> (가) 유통분야에서 일반적으로 물품관리를 위해 사용된 바코드를 대체할 차세대 인식기술로 꼽히며, 판독 및 해독 기능을 하는 판독기(reader)와 정보를 제공하는 태그(tag)로 구성된다.
>
> (나) 컴퓨터 관련 기술이 생활 구석구석에 스며들어 있음을 뜻하는 '퍼베이시브 컴퓨팅(pervasive computing)'과 같은 개념이다.
>
> (다) 메신저 애플리케이션의 통화 기능 또는 별도의 데이터 통화 애플리케이션을 설치하면 통신사의 이동통신망이 아니더라도 와이파이(Wi-Fi)를 통해 단말기로 데이터 음성통화를 할 수 있으며, 이동통신망의 음성을 쓰지 않기 때문에 국외 통화 시 비용을 절감할 수 있다는 장점이 있다.

① RFID, 유비쿼터스, VoIP

② POS, 유비쿼터스, RFID

③ RFID, POS, 핫스팟

④ POS, VoIP, 핫스팟

⑤ DDS, POS, QR

29. 엑셀에서 새 시트를 열고자 할 때 사용하는 단축키는?

① ⟨Shift⟩+⟨F11⟩

② ⟨Ctrl⟩+⟨W⟩

③ ⟨Ctrl⟩+⟨F4⟩

④ ⟨Ctrl⟩+⟨N⟩

⑤ ⟨Ctrl⟩+⟨P⟩

30. 다음 글에서 알 수 있는 '정보'의 특징으로 적절하지 않은 것은?

> 천연가스 도매요금이 인상될 것이라는 전망과 그 예측에 관한 정보는 가스사업자에게나 유용한 것이지 일반 대중에게 직접적인 영향을 주는 정보는 아니다. 관련된 일을 하거나 특별한 이유가 있어서 찾아보는 경우를 제외하면 이러한 정보에 관심을 갖게 되는 사람들이 있을까?

① 우리가 필요로 하는 정보의 가치는 여러 가지 상황에 따라서 아주 달라질 수 있다.

② 정보의 가치는 우리의 요구, 사용 목적, 그것이 활용되는 시기와 장소에 따라서 다르게 평가된다.

③ 정보는 비공개 정보보다는 반공개 정보가, 반공개 정보보다는 공개 정보가 더 큰 가치를 가질 수 있다.

④ 원하는 때에 제공되지 못하는 정보는 정보로서의 가치가 없어지게 될 것이다.

⑤ 비공개 정보는 정보의 활용이라는 면에서 경제성이 떨어지고, 공개 정보는 경쟁성이 떨어지게 된다.

31. 소프트웨어는 사용권(저작권)에 따라 분류될 수 있다. 다음 중 이에 따라 분류된 소프트웨어의 특징에 대한 설명으로 옳지 않은 것은?

① Shareware - 배너 광고를 보는 대가로 무료로 사용하는 소프트웨어

② Freeware - 무료 사용 및 배포, 기간 및 기능에 제한이 없는 누구나 사용할 수 있는 소프트웨어

③ 베타(Beta) 버전 - 정식 버전이 출시되기 전에 프로그램에 대한 일반인의 평가를 받기 위해 제작된 소프트웨어

④ 상용 소프트웨어 - 사용 기간의 제한 없이 무료 사용과 배포가 가능한 프로그램

⑤ 데모(Demo) 버전 - 정식 프로그램의 기능을 홍보하기 위해 기능 및 기간을 제한하여 배포하는 프로그램

32. 제시된 설명에 공통으로 해당되는 용어로 알맞은 것은?

> • 인터넷 상에 존재하는 각종 자원들의 위치를 같은 형식으로 나타내기 위한 표준 주소 체계이다.
> • 인터넷에 존재하는 정보나 서비스에 대해 접근 방법, 존재 위치, 자료 파일명 등의 요소를 표시한다.
> • 형식은 '프로토콜://서버 주소[:포트 번호]/파일 경로/파일명'으로 표시된다.

① Domain name
② DNS
③ IP Address
④ HTML
⑤ URL

33. 다음 중 성실함과 가장 거리가 먼 사람은?

① 미술 과제를 완성하기 위해 밤을 새워 색을 칠하는 민석
② 갑자기 주어진 업무에도 짜증을 내지 않고 차근차근 일을 해나가는 수호
③ 중간고사에 대비해 족집게 과외를 받는 지호
④ 취미활동을 위해 여가시간을 쪼개 악기를 연주하는 지훈
⑤ 맡은 일은 꼭 해내는 우진

34. 다음 중 전화예절로 바르지 않은 것은?

① 전화벨이 3∼4번 울리기 전에 받는다.
② 자신이 누구인지를 즉시 말한다.
③ 말을 할 때 상대방의 이름을 사용하지 않는다.
④ 주위의 소음을 최소화한다.
⑤ 천천히, 명확하게 예의를 갖추고 말한다.

35. 다음 중 직장 내에서 성희롱을 당한 경우 대처방법으로 바르지 못한 것은?

① 직접적으로 거부의사를 밝히고 중지할 것을 항의한다.
② 증거자료를 수거하고 공식적 처리를 준비한다.
③ 공정한 처리를 위해 개인 정보를 공개한다.
④ 가해자에 대해 납득할 정도의 조치를 취하고 결과를 피해자에게 통지한다.
⑤ 직장 내 노사협의회에 신고한다.

36. 다음 중 직장에서의 명함교환 예절로 옳지 않은 것은?

① 상대방에게서 명함을 받으면 받은 즉시 호주머니에 넣는다.
② 명함은 하위에 있는 사람이 먼저 꺼낸다.
③ 명함을 받으면 그대로 집어넣지 말고 명함에 관해서 한두 마디 대화를 건네 본다.
④ 쌍방이 동시에 명함을 꺼낼 때는 왼손으로 서로 교환하고 오른손으로 옮겨진다.
⑤ 명함은 반드시 명함 지갑에서 꺼내고 상대방에게 받은 명함도 명함 지갑에 넣는다.

37. 다음은 조문절차에 관한 내용을 기술한 것이다. 이 중 가장 옳지 않은 것을 고르면?

① 호상소에서 조객록(고인이 남자인 경우) 또는 조위록(고인이 여자인 경우)에 이름을 기록하고 부의금을 전달 후 영정 앞에서 분향이나 헌화 또는 절을 한다.
② 분향은 홀수인 3개 또는 1개의 향을 들고 불을 붙여서 이를 입으로 끄지 않고 손으로 세 번 만에 끈 후 향로에 꽂고 묵례하고 기도하거나 또는 절을 한다.
③ 헌화 시 꽃송이를 가슴부위까지 들어 올려서 묵례를 하고 꽃송이 쪽이 나를 향하도록 해서 헌화한다. 이후에 다시금 묵례를 하고 기도나 또는 절을 한다.
④ 절을 할 시에 손의 위치는 남성은 오른손이 위로, 여성은 왼손이 위로 오도록 하며 잠시 묵례하고 명복을 빈 후에 큰절을 두 번 올린다.
⑤ 상제에게 맞절을 하고 위로의 인사말을 하는데, 절은 상제가 늦게 시작하고 먼저 일어나야 한다.

38. 다음 중 효과적인 회의를 위한 예절로 바르지 않은 항목을 고르면?

① 타인의 의견을 인정해 주면서 칭찬을 함에 있어 인색해서는 안 된다.
② 회의 시에는 스스로의 의견이나 주장만을 고집해야 한다.
③ 타인의 인격을 침해 또는 감정 등을 상하게 하는 언행을 삼가야 한다.
④ 회의가 매끄럽게 진행 가능하도록 협조해야 한다.
⑤ 사회자로부터 발표 시에 허가를 얻고, 발표제한 시간도 잘 지켜야 한다.

39. 다음은 공수법에 관한 설명이다. 이 중 가장 바르지 않은 사항을 고르면?

① 공수할 때의 손을 모습은 위로 가는 손바닥으로 아래 손의 등을 덮어서 포개 잡는데, 두 엄지손가락은 깍지를 끼듯이 교차시킨다.

② 소매가 넓은 예복을 입었을 시에는 공수한 팔의 소매 자락이 수직이 되게 올리고 평상복을 입었을 때는 공수한 손의 엄지가 가슴 부위 위에 닿도록 자연스럽게 앞으로 올린다.

③ 여자의 공수는 평상시에는 오른손이 위로 가게, 흉사 시에는 반대로 왼손이 위로 가게 두 손을 포개 잡는다.

④ 남자의 공수는 평상시에는 왼손이 위로 가게, 흉사 시에는 반대로 오른손이 위로 가게 두 손을 포개 잡는다.

⑤ 공수하고 앉을 때의 공수한 손의 위치는 남자는 두 다리의 중앙에 얹고, 여자는 오른쪽 다리 위에 얹으며, 남녀 모두 한쪽 무릎을 세우고 앉을 때는 세운 무릎 위에 얹는다.

40. 다음 중 E-Mail 네티켓에 대한 내용으로 바르지 않은 것은?

① 제목은 축약해서 한눈에 내용을 파악할 수 있게 해야 한다.

② 지나친 약어 및 속어 등은 지양해야 한다.

③ 비즈니스 메일은 시간을 준수해야 한다.

④ 불특정 다수에게 홍보, 광고성의 메일을 동시에 보내면 시간적인 면에서 효율적이라 할 수 있다.

⑤ 이메일을 전송할 때는 미리 작성해 내용을 검토한 후 발송한다.

41. 다음은 무엇을 설명한 것인가?

> (   )은/는 1960년대부터 급속히 세계적인 규모로 보급된 것으로서 수송·보관·통신 네트워크 등이 종합적인 시스템으로 작용해야 하며, 이러한 시스템을 어떻게 확립하느냐에 따라 유통경비가 크게 달라진다. 더불어 하역이나 또는 수송 등에 의해 발생하는 화물 손상의 감소로 인해 수송의 안전성이 향상되고, 고객과의 신뢰가 증진된다.

① 소매차륜이론

② ULS(Unit Load System)

③ 적시생산시스템

④ 공급사슬관리

⑤ Cross Docking

42. 다음 중 포드 시스템에 대한 설명으로 가장 거리가 먼 것은?

① 포드 시스템은 통상적으로 동시관리라고도 한다.

② 경영이념으로는 저임금 고가격의 원리를 지향하였다.

③ 포드의 3S에는 제품의 복잡화, 부품의 표준화, 작업의 전문화 등이 있다.

④ 생산의 표준화 및 이동조립법을 통해 실시한 생산시스템이다.

⑤ 포드 시스템에서는 계속생산의 능률적 행상 및 관리, 합리화 등에 중점을 두고 있다.

43. 다음 중 경로 커버리지의 한 형태인 집약적 유통에 관한 사항으로 가장 거리가 먼 것을 고르면?

① 시장의 범위를 확대시키는 전략이라고 할 수 있다.

② 이러한 유통형태에 대해 소비자들은 제품을 구매함에 있어 특별히 많은 노력을 기울이지 않는다.

③ 주로 편의품 (라면, 세제, 껌, 스타킹 등)이 이에 속한다고 할 수 있다.

④ 중간상 통제가 상당히 용이하다.

⑤ 편의성이 증가하는 경향이 강하다.

44. 다음은 프랜차이즈 시스템에 관한 설명이다. 이 중 가장 바르지 않은 것은?

① 통상적으로 상호, 특허 상표 등의 노하우를 지닌 자가 계약을 통해서 타인에게 상표의 사용권, 제품의 판매권, 기술 등을 제공하고 그 대가로 가맹금, 보증금, 로얄티 등을 받는 것을 프랜차이즈 시스템이라고 한다.

② 상호, 상표 등의 노하우를 가진 자를 프랜차이지 (Franchisee) 라고 하는데 본부, 본사라고 하며, 이들로부터 상호의 사용권, 제품의 판매권, 기술, 상권분석, 점포 디스플레이, 관계자훈련 및 교육지도 등을 제공받는 자를 프랜차이저(Franchisor)라고 하는데 보통 가맹점으로 표현된다.

③ 프랜차이저는 대량구매에 의한 규모의 경제달성이 가능하다.

④ 프랜차이지는 처음부터 소비자에 대한 신뢰도를 구축할 수 있다.

⑤ 프랜차이지는 스스로의 문제해결 및 경영개선의 노력을 등한시 할 수 있다.

45. 촉진믹스에 관한 내용 중 광고 (Advertising)에 대한 것으로 옳지 않은 것은?

① 비인적 매체를 통한 촉진방법이다.

② 매체에 대한 비용을 지불하는 방식이다.

③ 상대적으로 신뢰도가 높다.

④ 광고의 내용, 일정, 위치 등의 통제가 가능하다.

⑤ 라디오 광고, 신문광고, TV광고 등이 있다.

46. 오픈 프라이스에 대한 설명 중에서 바르지 않은 것은?

① 제조업체가 제품 겉포장에 권장 소비자가격을 표시하는 것을 금지하고, 유통업체가 최종 판매가격을 정해 표시하도록 한 제도이다.

② 국내에서는 1997년 화장품 가격에서 실시되었다.

③ 판매자 입장에서는 경쟁 판매자보다 판매가를 조금 비싸게 설정해서 판매마진을 올려 받는 것이 가능하다.

④ 제조업자 입장에서는 판매자 간의 경쟁으로 인한 가격 인하로 저렴하게 상품을 매입할 수 있다.

⑤ 판매자 입장에서는 제품의 매입 시에 권장 소비자가격에 대한 비율의 형태로 매입가격을 교섭할 수 없다.

47. 다음 중 의사결정지원 시스템의 특징으로 가장 옳지 않은 것은?

① 의사결정지원 시스템은 의사결정이 이루어지는 동안에 발생 가능한 환경의 변화를 반영 할 수 있도록 유연하게 설계되어야 한다.

② 의사결정지원 시스템에서 처리되어 나타난 결과 및 대안은 문제해결의 답으로 활용된다.

③ 의사결정지원 시스템의 분석기법에는 What-if 분석법, 민감도 분석법, 목표추구 분석법, 최적화 분석법 등이 있다.

④ 의사결정지원 시스템은 다양한 원천으로부터 데이터를 획득해서 의사결정에 필요한 정보처리를 할 수 있도록 해야 한다.

⑤ 의사결정지원 시스템은 분석 모델의 구성요소의 변경이나 또는 완전하게 새로운 분석모델 개발 시 즉각적으로 시스템에 반영시켜 의사결정을 이루도록 해야 한다.

48. 다음 중 피터 드러커가 말한 지식근로자의 특징에 해당하지 않는 것은?

① 평생학습의 정신

② 풍부한 지적 재산

③ 투철한 기업가의 정신

④ 강한 창의성

⑤ 관료적 체제

49. 다음 중 조직문화의 중요성으로 보기 어려운 것은?

① 조직문화는 조직으로서의 독자성을 확립하게 해준다.

② 조직문화는 조직의 이익보다 더 큰 무엇에 대해 몰입을 유발하고 촉진한다.

③ 구성원에게 조직에의 일체감을 마련해 주고, 조직에 몰입하게 만든다.

④ 조직문화는 종업원들에게 조직이 기대하는 행동지침을 제공하고, 그 행동을 촉진한다.

⑤ 조직문화는 종업원들로 하여금 경영철학과 가치관에 투입할 수 있게 한다.

50. 다음 중 아웃소싱 전략에 관한 설명으로 가장 거리가 먼 것은?

① 아웃소싱 전략은 경비절약, 기업의 규모축소, 전문화 등이 목적이다.

② 아웃소싱 전략은 정보통신기술(ICT)의 발달 등과 같은 최근의 환경변화는 아웃소싱을 파트너십에 입각한 전략적 차원으로 전환시키고 있다.

③ 핵심사업 부문에 집중, 채용의 용이성, 수수료 부담의 감소, 이직률의 하락, 고객에 대한 높은 충성도 등의 이점이 있다.

④ 통상적으로 정보기술의 개발능력 부족 등으로 잘 정비된 외부업체의 네트워크를 활용하기 위해 아웃소싱을 하게 된다.

⑤ 근로자들의 고용불안과 근로조건의 악화라는 단점이 있다.

51. 다음 포트폴리오에 관한 내용으로 가장 바르지 않은 것은?

① 포트폴리오는 분산투자를 통해 투자에 대한 위험요소를 최소화시키는 둘 이상의 투자자산의 배합을 말한다.

② 단일 기간을 고려한다.

③ 자산수익률의 확률분포에 대하여 모든 투자자가 동의한다.

④ 자산수익률의 확률분포는 비정규분포이다.

⑤ 투자자들은 위험을 회피하는 경향이 있다.

52. 다음 중 호손실험에 관련한 내용으로 옳지 않은 것은?

① 미국의 호손공장에서 호손 실험을 실시한 것으로 메이요 교수가 중심이 되어 이루어졌다.

② 비공식적인 조직을 강조하였다.

③ 비민주적인 리더십을 강조하였다.

④ 의사소통의 경로개발이 중요시되었다.

⑤ 인간의 심리적 · 사회적 조건 등을 중요시하였다.

53. 다음 중 제품수명주기(Product Life Cycle)의 순서로 옳은 것은?

① Introduction Stage → Maturity Stage → Growth Stage → Decline Stage

② Introduction Stage → Growth Stage → Decline Stage → Maturity Stage

③ Introduction Stage → Maturity Stage → Decline Stage → Growth Stage

④ Introduction Stage → Growth Stage → Maturity Stage → Decline Stage

⑤ Introduction Stage → Decline Stage → Growth Stage → Maturity Stage

54. 다음은 독립수요품목에 대한 설명이다. 이 중 가장 바르지 않은 것은?

① 독립수요품목의 재고 품목은 제품, 서비스품, 수리용품 등이다.

② 수요의 발생원천은 소비자들의 주문, 예측 등이다.

③ 재고관리기법으로는 통계적 재주문점 방식이나 유통소요량 계획 등을 활용한다.

④ 수요시점의 계산이 불가능하다.

⑤ 독립수요품목의 용도는 주로 생산이다.

55. 다음 중 노동조합에 관한 설명으로 옳지 않은 것을 고르면?

① 노동조합은 노동자가 주체가 되어 자주적으로 단결하여 근로조건의 유지 및 개선, 기타 노동자의 경제적 또는 사회적인 지위의 향상을 도모하기 위한 목적으로 조직하는 단체이다.

② 노동조합의 집행기능에는 경제활동 기능, 단체교섭 기능, 정치활동 기능 등이 있다.

③ 통상적으로 노동조합에서의 참모기능은 기본기능 및 집행기능 등을 보조 또는 참모하는 역할을 수행한다.

④ 노동조합은 국가, 역사적 시기 및 이념 등에 따라 여러 가지의 형태로 구분된다.

⑤ 노동조합은 사용자와 노동자 간의 지배관계를 대등관계가 아닌 종속관계로 변화시키는 역할을 한다.

56. 통상적으로 정부 및 공공단체와 주식회사 등이 일반인으로부터 비교적 거액의 자금을 일시에 조달하기 위해 발행하게 되는 차용증서를 채권이라 한다. 다음 중 채권에 관련한 사항으로 보기 가장 어려운 것은?

① 원리금에 대한 상환기간이 발행시점으로부터 정해져 있는 일종의 기한부 증권이라 할 수 있다.
② 채권은 대부분이 단기증권의 성격을 지닌다.
③ 채권은 유통시장에서 현금화를 용이하게 할 수 있는 유동성이 높은 증권이다.
④ 동일한 채권이라 할지라도 만기까지의 기간에 따라 수익률이 달라지기도 한다.
⑤ 채권의 발행 시 상환금액 및 이자가 확정되어 있는 고정금리채권이 대부분이다.

57. 광고를 보면 현재 시중에 나와 있는 대다수의 화장품 광고는 화장품이 제공하게 되는 기본적 기능 및 브랜드보다는 아름다움을 노출하고 있고, 아파트 광고의 경우에도 브랜드보다는 소비자들을 향한 감성광고 쪽으로 여러 매체에 노출되고 있는데 이것은 P. Kotler교수가 말한 제품의 분류 중에서 어디에 속한다고 할 수 있나?

① 확장제품
② 선매품
③ 핵심제품
④ 전문품
⑤ 유형제품

58. 다음 중 델파이법(Delphi Method)에 대한 설명으로 바르지 않은 것은?

① 델파이법은 가능성 있는 미래기술개발 방향과 시기 등에 대한 정보를 취득하기 위한 방식이다.
② 델파이법은 생산예측의 방법 중에서 인과적 방법에 해당하는 방식이다.
③ 주로 집단의 의견들을 조정 및 통합하거나 개선시키기 위해 활용한다.
④ 델파이법은 회합 시에 발생하기 쉬운 심리적 편기의 배제가 가능하다.
⑤ 델파이법은 회답자들에 따른 가중치를 부여하기 어렵다는 단점이 있다.

59. 다음은 막스 베버의 관료제에 대한 설명이다. 이 중 가장 옳지 않은 것은?

① 과업에 기반한 체계적인 노동의 분화
② 불안정적이고 불명확한 권한계층
③ 문서로 이루어진 규칙 및 의사결정
④ 기술적 능력에 따른 승진을 기반으로 하는 구성원 개개인 평생의 경력관리
⑤ 표준화된 운용절차의 일관된 시스템

60. 다음 중 적절한 포장방법을 찾기 위해 운반수단, 유통기간, 조건, 환경 등을 충분히 고려하고 내용물은 무엇에 약한가, 수송보관 도중 특별히 유의해야할 사항은 무엇인가 등을 체크해서 물품을 보호하도록 해야 하는 포장의 기능은?

① 보호성(Protective Function)
② 편리성(Convenient Function)
③ 환경 친화성(Environmentally-Friendly Function)
④ 상품성(Commercial Function)
⑤ 경제성(Economical Function)

61. 다음 중 프로젝트 조직에 관한 내용으로 가장 옳지 않은 것은?

① 기업 조직 내의 특정 사업 목표를 달성하기 위해 임시적으로 인적 및 물적 자원 등을 결합하는 조직 형태이다.
② 프로젝트 조직은 해산을 전제로 해서 임시로 편성된 일시적인 조직이다.
③ 혁신적이면서 비일상적인 과제를 해결을 위해 형성되는 정태적인 조직이다
④ 개발 요원의 활용에 있어 비효율성이 증가할 수 있다.
⑤ 프로젝트 자체가 시간적인 유한성의 성격을 지니고 있으므로 프로젝트 조직도 임시적이면서 잠정적이다.

62. 다음 CRM의 역할에 대한 내용으로 가장 부적절한 것은?

① 고객만족과 이익의 극대화를 꾀한다.

② 회사에 가장 도움이 되는 고객들을 식별해내며, 그들에게 최상의 서비스를 제공하는 등 고객들마다 선별적인 관계를 형성한다.

③ 명확한 목표를 가지고 최고 고객을 겨냥한 마케팅 캠페인을 추진할 수 있게 한다.

④ 소수의 직원들이 서로 간 최적화된 정보를 공유하고 기존의 처리절차를 극대화함으로써, 통신판매·회계 및 판매관리 등을 그대로 유지하기 위한 조직을 지원한다.

⑤ 판매 팀을 이끌기 위한 품질을 만들어내는 데 도움을 준다.

63. 다음은 위험(Risk)에 대한 내용들이다. 이 중 가장 옳지 않은 것을 고르면?

① 위험이란 미래에 발생 가능한 상황 및 객관적인 확률을 알고 있는 상태이다.

② 위험의 경우 기대수익률의 변동가능성을 의미하기도 한다.

③ 위험의 측정은 표준편차 혹은 통계학의 분산으로 측정한다.

④ 위험의 측정에서 표준편차 혹은 분산을 위험의 척도로 활용하기는 어렵다.

⑤ 위험의 측정에서는 수익률의 확률분포가 퍼질수록 더 위험하다고 할 수 있다.

64. 다음의 설명 중에서 가장 옳지 않은 것은?

① MM의 자본구조이론은 1958년 모딜리아니와 밀러가 자본구조 무관계론을 발표하면서 본격적 발전을 시작하였다.

② 자본시장선은 무위험자산을 시장포트폴리오와 결합한 자본배분선이다.

③ 콜 옵션은 특정 증권 또는 제품 등을 살 수 있는 권리를 의미한다.

④ 포트폴리오의 구성 목적은 분산투자를 통해 투자에 따르는 리스크를 최대화시키는 데 있다.

⑤ 선물이 거래되는 공인 상설시장을 선물시장 또는 상품거래소라고 한다.

65. 다음 중 인간관계론에 대한 설명으로 바르지 않은 것은?

① 인간관계론의 경우 공식적 조직보다는 비공식 조직의 역할에만 더욱 관심을 보였다.

② 구성원들의 귀속감과 집단사기를 상당히 중요시하였다.

③ 기업 조직의 내부적 환경 요소를 배제하였다.

④ 인간의 감성만을 중요시한 나머지 조직 능률의 저해를 초래하였다.

⑤ 민주적이면서 참여적인 관리 방식을 추구하는 이론이다.

66. 다음 중 촉진관리과정을 순서대로 바르게 배열한 것은?

① 표적청중의 확인 → 메시지의 결정 → 목표의 설정 → 매체의 선정 → 촉진예산의 설정 → 촉진믹스의 결정 → 촉진효과의 측정

② 표적청중의 확인 → 매체의 선정 → 촉진예산의 설정 → 목표의 설정 → 메시지의 결정 → 촉진믹스의 결정 → 촉진효과의 측정

③ 표적청중의 확인 → 목표의 설정 → 메시지의 결정 → 매체의 선정 → 촉진예산의 설정 → 촉진믹스의 결정 → 촉진효과의 측정

④ 표적청중의 확인 → 촉진예산의 설정 → 촉진믹스의 결정 → 목표의 설정 → 메시지의 결정 → 매체의 선정 → 촉진효과의 측정

⑤ 표적청중의 확인 → 촉진믹스의 결정 → 촉진예산의 설정 → 메시지의 결정 → 매체의 선정 → 촉진효과의 측정 → 목표의 설정

67. 다음 중 성격이 다른 하나는?

① 불매동맹

② 준법투쟁

③ 직장폐쇄

④ 피켓팅

⑤ 파업

68. 노동조합이 사용주와 체결하는 노동협약에 있어 종업원의 자격 및 조합원 자격의 관계를 규정한 조항을 삽입하여 노동조합의 유지 및 발전을 도모하려는 제도를 숍 시스템이라고 하는데 아래의 내용은 어떠한 숍 제도를 의미하는가?

> 노동조합에 대한 가입 및 탈퇴에 대한 부분은 종업원들의 각자 자유에 맡기고, 사용자는 비조합원들도 자유롭게 채용할 수 있기 때문에, 조합원들의 사용자에 대한 교섭권은 약화되어진다.

① Union Shop
② Closed Shop
③ Preferential Shop
④ Maintenance Of – Membership Shop
⑤ Open Shop

69. 다음 중 관찰법에 대한 설명으로 가장 부적절한 것은?
① 장기간에 걸쳐서 발생하는 사건을 관찰하기 어렵다.
② 태도, 동기 등과 같은 심리적 현상도 관찰이 가능하다.
③ 일반적으로 객관성과 정확성이 높다.
④ 사적인 활동을 관찰하기 어렵다.
⑤ 자료를 준비하는 데 응답자의 협조 의도나 응답능력이 문제가 되지 않는다.

70. 다음 중 완전자본시장에 대한 설명으로 틀린 설명은?
① 거래비용이 많이 발생하게 된다.
② 동일한 정보를 투자자들이 가지게 된다.
③ 자본, 배당 및 이자소득에 대한 세금이 없다.
④ 자산의 공매에 있어 제약이 없다.
⑤ 자산을 쪼개서 거래할 수 있다.

71. 다음 유통경로에 관한 일반적인 내용 중 옳지 않은 항목을 고르시오
① 유통경로는 어떠한 제품을 최종 구매자가 용이하게 구입할 수 있도록 만들어주는 과정에 참여하게 되는 모든 조직체나 또는 개인들을 말한다.
② 유통경로는 탄력적이면서 내부자원이다.
③ 기업은 제품의 특성, 소비자, 경쟁 환경 등을 종합적으로 고려해서 최적의 유통경로를 구축해야 한다.
④ 전체 제품 및 서비스 등은 생산자로부터 소비자에게로 유통하게 되는데 유통경로 (channels of distribution)를 경유해서 이동하게 된다.
⑤ 통상적으로 유통경로를 설계할 시에는 소비자들의 니즈를 분석하고 이를 기반으로 유통경로 설계의 목표를 설정한 후 유통경로 정책을 결정하고 관리하는 단계를 거친다.

72. 다음은 리더십의 특성을 설명한 것이다. 이 중 가장 옳지 않은 것을 고르면?
① 리더와 구성원간의 상호관계중심을 이룬다.
② 목표 및 미래지향적 관심과 비전을 제시할 수 있는 안목과 능력 소유하고 있다.
③ 리더는 공식적인 조직에 존재한다.
④ 리더의 유형은 비고정성이지만 상황에 따라 가변성 및 신축성을 보인다.
⑤ 리더는 조직의 일체성 강조한다.

73. 다음 중 동기부여의 중요성으로 보기 어려운 것은?
① 조직 구성원 개개인으로 하여금 과업수행에 대한 자신감 및 자긍심을 지니게 한다.
② 변화에 대한 구성원들의 저항을 줄이며, 자발적인 적응을 촉진하게 함으로서 조직의 변화를 용이하게 하는 추진력이 된다.
③ 개인의 동기부여는 경쟁우위 원천으로서의 사람의 중요성이 커지는 가운데 기업경쟁력 강화의 핵심 수단이 된다.
④ 개인의 자발적인 업무수행노력을 촉진해서 구성원들로 하여금 직무만족 및 생산성을 높이고 나아가 조직유효성을 제고시키게 된다.
⑤ 조직 구성원들이 소극적이면서 수동적으로 업무를 수행하게 함으로써 구성원들의 자아실현을 할 수 있는 기회를 부여한다.

74. 다음 중 무위험자산의 시장이 균형 상태에 이르게 되었을 때, 무위험자산 시장 전체의 순차입액 및 순대여액은 얼마인가?

① 1

② -1

③ 0

④ 2

⑤ -2

75. 다음 중 Vroom의 Expectancy Theory에 대한 설명으로 바르지 않은 것은?

① 기대-유의성이론이라고도 한다.

② 레윈과 톨만에 의해 처음 제시된 이론이다.

③ 기대란 목적달성을 위해 자신의 능력 및 가능성에 대해 자신이 가지고 있는 인지 정도를 의미한다.

④ 유의성이란 2차 산출물에 대한 개인의 선호도 또는 만족도를 의미한다.

⑤ 수단성이란 2차 산출물이 1차 산출물을 유도할 것이라는 신념의 정도를 의미한다.

76. Alderfer의 ERG 이론에 관한 내용 중 가장 바르지 않은 것을 고르면?

① 알더퍼는 70년대 초에 Maslow의 욕구 단계설을 수정해 인간의 욕구를 존재욕구(Existence needs), 관계욕구(Relatedness needs), 성장욕구(Growth needs)의 3단계로 구분한 ERG이론을 제시하였다.

② 존재욕구(Existence needs)는 인간존재의 유지에 있어 필요한 생리적 및 물질적인 욕구를 말한다.

③ 관계욕구(Relatedness needs)는 바람직한 인간관계에 대한 욕구로 매슬로우가 주장하는 애정 및 소속감의 욕구와 일부의 안정욕구 및 일부의 존경욕구 등이 이 범주에 해당된다.

④ 성장욕구(Growth needs)는 자기능력 개발 및 새로운 능력의 보유노력을 통해서 스스로의 지속적인 성장 및 발전 등을 추구하는 욕구로서 Maslow의 자기실현욕구와 일부의 존경욕구가 이에 해당한다.

⑤ ERG 이론은 욕구개념에 기반을 두고 있는 동기부여 이론으로 타당성에 대한 비판이 제기되어 신뢰하게 어렵다.

77. 다음 물류관리의 역할에 있어 그 성격이 나머지 넷과 다른 하나를 고르면?

① 지역경제의 균형 발전으로 인구의 지역적인 편중 억제

② 자재와 자원의 낭비를 방지하는 등 자원의 효율적인 이용에 기여

③ 제품의 품질을 유지하여 정시배송을 통해 소비자에게 질적으로 향상된 서비스를 제공

④ 산업 전반에 걸친 유통효율의 향상으로 물류비를 절감하여 기업의 체질개선과 소비자물가 및 도매물가의 상승 억제

⑤ 활발한 물류활동과 관련하여 개별 기업은 마케팅 분야에서 상품을 제조·판매하기 위한 원재료 구입과 제품판매에 관련된 물류의 제 업무를 총괄하는 물류관리에 중점을 둠

78. 다음 중 소비자의 합리적인 구매의사결정 과정에 대한 설명 중 가장 올바르지 않은 것은?

① 구매과정은 구매자가 문제 혹은 욕구를 인식함으로써 시작된다.

② 욕구가 발생되는 소비자는 대안을 평가하게 되는데, 대안의 평가기준은 개인적, 상업적, 공공적, 경험적 원천으로부터 제공받는다.

③ 최근 구매자가 구매과정에서 인터넷을 통해 정보를 탐색하는 경향이 많아지고 있다.

④ 구매의사결정단계에서 소비자는 선택 집합 내의 상표들 중에서 선호하는 것을 선택하고, 가장 선호하는 상표를 구매할 의도를 갖는다.

⑤ 구매 후 행동단계에서는 구매자가 제품에 대한 기대와 지각된 성과를 통해 만족 여부를 결정하게 된다.

79. 다음 중 기존 데이터와 빅 데이터의 차이점을 비교·설명한 것으로 가장 바르지 않은 것은?

	Small Data	Big Data
① 크기	작다.	크다.
② 관리	단순하다.	복잡하다.
③ 형태	정형화되어 있다.	정형화 및 비정형화되어 있다.
④ 변화	시간에 대해서 지속적으로 쌓이면서 변화하는 데이터이다.	시간에 대해서 정적인 데이터이다.
⑤ 출처	내부적이다.	내·외부적이다.

80. 인적판매에 관한 사항으로 가장 옳지 않은 것은?

① 판매낭비의 최소화 및 실제 판매를 발생시킨다.

② 소비자들이 판매원에 대해 좋지 않은 이미지를 가지고 있다.

③ 낮은 비용을 발생시킨다.

④ 타 촉진수단에 비해서 개인적이다.

⑤ 직접적인 접촉을 통해 많은 양의 정보제공이 가능하다.

서 원 각

www.goseowon.co.kr

대구도시철도공사

사무직

기출동형 모의고사

제 3 회	영 역	직업기초능력평가 경영학개론
	문항수	80문항
	시 간	80분
	비 고	객관식 5지선다형

제3회 기출동형 모의고사

문항수 : 80문항
시 간 : 80분

직업기초능력평가(40문항)

1. 다음 글을 참고할 때, '깨진 유리창의 법칙'이 시사하는 바로 가장 적절한 설명은 무엇인가?

1969년 미국 스탠포드 대학의 심리학자인 필립 짐바르도 교수는 아주 흥미로운 심리실험을 진행했다. 범죄가 자주 발생하는 골목을 골라 새 승용차 한 대를 보닛을 열어놓은 상태로 방치시켰다. 일주일이 지난 뒤 확인해보니 그 차는 아무런 이상이 없었다. 원상태대로 보존된 것이다. 이번에는 똑같은 새 승용차를 보닛을 열어놓고, 한쪽 유리창을 깬 상태로 방치시켜 두었다. 놀라운 일이 벌어졌다. 불과 10분이 지나자 배터리가 없어지고 차 안에 쓰레기가 버려져 있었다. 시간이 지나면서 낙서, 도난, 파괴가 연이어 일어났다. 1주일이 지나자 그 차는 거의 고철상태가 되어 폐차장으로 실려 갈 정도가 되었던 것이다. 훗날 이 실험결과는 '깨진 유리창의 법칙'이라는 이름으로 불리게 된다.

1980년대의 뉴욕 시는 연간 60만 건 이상의 중범죄가 발생하는 범죄도시로 악명이 높았다. 당시 여행객들 사이에서 '뉴욕의 지하철은 절대 타지 마라'는 소문이 돌 정도였다. 미국 라토가스 대학의 켈링 교수는 '깨진 유리창의 법칙'에 근거하여, 뉴욕 시의 지하철 흉악 범죄를 줄이기 위한 대책으로 낙서를 철저하게 지울 것을 제안했다. 낙서가 방치되어 있는 상태는 창문이 깨져있는 자동차와 같은 상태라고 생각했기 때문이다.

① 범죄는 대중교통 이용 공간에서 발생확률이 가장 높다.
② 문제는 확인되기 전에 사전 단속이 중요하다.
③ 작은 일을 철저히 관리하면 큰 사고를 막을 수 있다.
④ 낙서는 가장 핵심적인 범죄의 원인이 된다.
⑤ 사소한 원인으로 발생한 큰 문제는 수습이 매우 어렵다.

2. 다음 글의 문맥상 빈칸에 들어갈 말로 가장 적절한 것은?

기본적으로 전기차의 충전수요는 주택용 및 직장용 충전방식을 통해 상당부분 충족될 수 있다. 집과 직장은 우리가 하루 중 대부분의 시간을 보내는 장소이며, 그만큼 우리의 자동차가 가장 많은 시간을 보내는 장소이다. 그러나 서울 및 대도시를 포함하여, 전국적으로 주로 아파트 등 공동주택에 거주하는 가구비중이 높은 국내 현실을 감안한다면, 주택용 충전방식의 제약은 단기적으로 해결되기는 어려운 것이 또한 현실이다. 더욱이 우리가 자동차를 소유하고 활용할 때 직장으로의 통근용으로만 사용하지는 않는다. 때론 교외로 때론 지방으로 이동할 때 자유롭게 활용 가능해야 하며, 이때 (   ), 전기차의 시장침투는 그만큼 제약될 수밖에 없다. 직접 충전을 하지 않더라도 적어도 언제 어디서나 충전이 가능하다는 인식이 자동차 운전자들에게 보편화되지 않는다면, 배터리에 충전된 전력이 다 소진되어, 도로 한가운데서 꼼짝달싹할 수 없게 될 수도 있다는 두려움, 즉 주행가능거리에 대한 우려로 인해 기존 내연기관차에서 전기차로의 전환은 기피대상이 될 수밖에 없다.

결국 누구나 언제 어디서나 접근이 가능한 공공형 충전소가 도처에 설치되어야 하며, 이를 체계적으로 운영 관리하여 전기차 이용자들이 편하게 사용할 수 있는 분위기 마련이 시급하다. 이를 위해서는 무엇보다 전기차 충전서비스 시장이 두터워지고, 잘 작동해야 한다.

① 이동하고자 하는 거리가 너무 멀다면
② 충전 요금이 과도하게 책정된다면
③ 전기차 보급이 활성화되어 있지 않다면
④ 남아 있는 배터리 잔량을 확인할 수 없다면
⑤ 기존 내연기관차보다 불편함이 있다면

3. 다음 글에서 A의 추리가 전제하고 있는 것을 〈보기〉에서 모두 고른 것은?

낭포성 섬유증은 치명적 유전 질병으로 현대 의학이 발달하기 전에는 이 질병을 가진 사람은 어린 나이에 죽었다. 지금도 낭포성 섬유증을 가진 사람은 대개 청년기에 이르기 전에 사망한다. 낭포성 섬유증은 백인에게서 3000명에 1명 정도의 비율로 나타나며 인구의 약 5% 정도가 이 유전자를 가지고 있다. 진화생물학 이론에 의하면 유전자는 자신이 속하는 종에 어떤 이점을 줄 때에만 남아 있다. 만일 어떤 유전자가 치명적 질병과 같이 생물에 약점으로 작용한다면 이 유전자를 가지고 있는 생물은 그렇지 않은 생물보다 생식할 수 있는 기회가 줄어들기 때문에, 이 유전자는 궁극적으로 유전자 풀(pool)에서 사라질 것이다. 낭포성 섬유증 유전자는 이 이론으로 설명할 수 없는 것으로 보인다.

1994년 미국의 과학자 A는 흥미로운 실험 결과를 발표하였다. 정상 유전자를 가진 쥐에게 콜레라 독소를 주입하자 쥐는 심한 설사로 죽었다. 그러나 낭포성 섬유증 유전자를 1개 가지고 있는 쥐는 독소를 주입한 다음 설사 증상을 보였지만 그 정도는 낭포성 섬유증 유전자가 없는 쥐에 비해 반 정도였다. 낭포성 섬유증 유전자를 2개 가진 쥐는 독소를 주입한 후에도 전혀 증상을 보이지 않았다. 낭포성 섬유증 증세를 보이는 사람은 장과 폐로부터 염소이온을 밖으로 퍼내는 작용을 정상적으로 하지 못한다. 반면 콜레라 독소는 장으로부터 염소이온을 비롯한 염분을 과다하게 분비하게 하고 이로 인해 물을 과다하게 배출시켜 설사를 일으킨다. 이 결과로부터 A는 낭포성 섬유증 유전자의 작용이 콜레라 독소가 과도한 설사를 일으키는 메커니즘을 막기 때문에, 낭포성 섬유증 유전자를 가진 사람이 콜레라로부터 보호될 수 있을 것이라고 추측하였다. 그러므로 1800년대에 유럽을 강타했던 콜레라 대유행에서 낭포성 섬유증 유전자를 가진 사람이 살아남기에 유리했다고 주장하였다.

〈보기〉
㉠ 쥐에서 나타나는 질병 양상은 사람에게도 유사하게 적용된다.
㉡ 낭포성 섬유증은 백인 외의 인종에서는 드문 유전 질병이다.
㉢ 콜레라 독소는 콜레라균에 감염되었을 때와 같은 증상을 유발한다.
㉣ 낭포성 섬유증 유전자를 가진 모든 사람이 낭포성 섬유증으로 인하여 청년기 전에 사망하는 것은 아니다.

① ㉠, ㉡
② ㉠, ㉢
③ ㉡, ㉣
④ ㉠, ㉢, ㉣
⑤ ㉡, ㉢, ㉣

┃4~5┃ 다음은 어느 공항의 〈교통약자 공항이용안내〉의 일부이다. 이를 읽고 물음에 답하시오.

패스트트랙
• Fast Track을 이용하려면 교통약자(보행장애인, 7세 미만 유소아, 80세 이상 고령자, 임산부, 동반여객 2인 포함)는 본인이 이용하는 항공사의 체크인카운터에서 이용대상자임을 확인받고 'Fast Track Pass'를 받아 Fast Track 전용출국장인 출국장 1번, 6번 출국장입구에서 여권과 함께 제시하면 됩니다.
• 인천공항 동편 전용출국통로(Fast Track, 1번 출국장), 오전7시~오후7시까지 운영 중이며, 운영상의 미비점을 보완하여 정식운영(동·서편, 전 시간 개장)을 개시할 예정에 있습니다.

휠체어 및 유모차 대여
공항 내 모든 안내데스크에서 휠체어 및 유모차를 필요로 하는 분께 무료로 대여해 드리고 있습니다.

장애인 전용 화장실
• 여객터미널 내 화장실마다 최소 1실의 장애인 전용화장실이 있습니다.
• 장애인분들의 이용 편의를 위하여 넓은 출입구와 내부공간, 버튼식자동문, 비상벨, 센서작동 물내림시설을 설치하였으며 항상 깨끗하게 관리하여 편안한 공간이 될 수 있도록 하고 있습니다.

주차대행 서비스
• 공항에서 허가된 주차대행 서비스(유료)를 이용하시면 보다 편리하고 안전하게 차량을 주차하실 수 있습니다.
• 경차, 장애인, 국가유공자의 경우 할인된 금액으로 서비스를 이용하실 수 있습니다.

장애인 주차 요금 할인
주차장 출구의 유인부스를 이용하는 장애인 차량은 장애인증을 확인 후 일반주차요금의 50%를 할인하여 드리고 있습니다.

휠체어 리프트 서비스
• 장기주차장에서 여객터미널까지의 이동이 불편한 장애인, 노약자 등 교통약자의 이용 편의 증진을 위해 무료 이동 서비스를 제공하여 드리고 있습니다.
• 여객터미널↔장기주차장, 여객터미널↔화물터미널행의 모든 셔틀버스에 휠체어 탑승리프트를 설치, 편안하고 안전하게 모시고 있습니다.

4. 다음 교통약자를 위한 서비스 중 무료로 이용할 수 있는 서비스만으로 묶인 것은?
① 주차대행 서비스, 장애인 전용 화장실 이용
② 장애인 차량 주차, 휠체어 및 유모차 대여
③ 휠체어 및 유모차 대여, 휠체어 리프트 서비스
④ 휠체어 및 유모차 대여, 주차대행 서비스
⑤ 주차대행 서비스, 장애인 차량 주차

5. Fast Track 이용 가능한 교통약자가 아닌 사람은?

① 80세 이상 고령자

② 임산부

③ 보행장애인

④ 8세 아동

⑤ 3세 유아 동반여객 2인

6. 다음의 글을 읽고 내용과 일치하지 않는 것을 고르면?

윤리학에서는 선(善, good) 즉 좋음과 관련하여 여러 쟁점이 있다. 선이란 무엇인가? 선을 쾌락이라고 간주해도 되는가? 선은 도덕적으로 옳음 또는 정의와 어떤 관계에 있는가? 이러한 쟁점 중의 하나가 바로 "선은 객관적으로 존재하는가?"의 문제이다.

플라톤은 우리가 감각으로 지각하는 현실 세계는 가변적이고 불완전하지만, 우리가 이성으로 인식할 수 있는 이데아의 세계는 불변하고 완전하다고 보았다. 그에 따르면, 현실 세계는 이데아 세계를 모방한 것이기에 현실 세계에서 이루어지는 인간들의 행위도 불완전할 수밖에 없다. 이데아 세계에는 선과 미와 같은 여러 이데아가 존재한다. 그중에서 최고의 이데아는 선의 이데아이며, 인간 이성의 최고 목표는 선의 이데아를 인식하는 것이다. 선은 말로 표현할 수 없고, 신성하며, 독립적이고, 오랜 교육을 받은 후에만 알 수 있는 것이다. 우리는 선을 그것이 선이기 때문에 욕구한다. 이렇게 인간의 관심 여부와는 상관없이 선이 독립적으로 존재한다고 보는 입장을 선에 대한 '고전적 객관주의'라고 한다.

이러한 플라톤적 전통을 계승한 무어도 선과 같은 가치가 객관적으로 실재한다고 주장한다. 그에 따르면 선이란 노란색처럼 단순하고 분석 불가능한 것이기에, 선이 무엇인지에 대해 정의를 내릴 수 없으며 그것은 오직 직관을 통해서만 인식될 수 있다. 노란색이 무엇이냐는 질문에 노란색이라고 답할 수밖에 없듯이 선이 무엇이냐는 질문에 "선은 선이다."라고 답할 수밖에 없다는 것이다. 무어는 선한 세계와 악한 세계가 있을 때 각각의 세계 안에 욕구를 지닌 존재가 있는지 없는지와 관계없이 전자가 후자 보다 더 가치 있다고 믿었다. 선은 인간의 욕구와는 상관없이 그 자체로 존재하며 그것은 본래부터 가치가 있다는 것이다. 그는 선을 최대로 산출하는 행동이 도덕적으로 옳은 행동이라고 보았다.

반면에 '주관주의'는 선을 의식적 욕구의 산물에 불과한 것으로 간주한다. 페리는 선이란 욕구와 관심에 의해 창조된다고 주장한다. 그에 따르면 가치는 관심에 의존하고 있으며, 어떤 것에 관심이 주어졌을 때 그것은 비로소 가치를 얻게 된다. 대상에 가치를 부여하는 것은 관심이며, 인간이 관심을 가지는 대상은 무엇이든지 가치의 대상이 된다. 누가 어떤 것을 욕구하든지 간에 그것은 선으로서 가치를 지니게 된다. 페리는 어떤 대상에 대한 관심이 깊으면 깊을수록 그것은 그만큼 더 가치가 있게 되며, 그 대상에 관심을 표명하는 사람의 수가 많을수록 그것의 가치는 더 커진다고 말한다. 이러한 주장에 대해 고전적 객관주의자는 우리가 욕구하는 것과 선을 구분해야 한다고 비판한다.

① 플라톤은 선의 이데아를 이성을 통해 인식할 수 있다고 본다.

② 플라톤은 인간이 행한 선이 완전히 선한 것은 아니라고 본다.

③ 무어는 선이 단순한 것이어서 그것을 정의할 수 없다고 본다.

④ 무어는 도덕적으로 옳은 행동을 판별할 기준을 제시할 수 없다고 본다.

⑤ 페리는 더 많은 사람이 더 깊은 관심을 가질수록 가치가 증대한다고 본다.

7. 아래의 글을 읽고 알 수 있는 내용이 아닌 것을 고르면?

18세기 경험론의 대표적인 철학자 흄은 '모든 지식은 경험에서 나온다.'라고 주장하면서, 이성을 중심으로 진리를 탐구했던 데카르트의 합리론을 비판하고 경험을 중심으로 한 새로운 철학 이론을 구축하려 하였다. 그러나 지나치게 경험만을 중시한 나머지, 그는 과학적 탐구 방식 및 진리를 인식하는 문제에 대해서도 비판하기에 이른다. 그 결과 흄은 서양 근대철학사에서 극단적인 회의주의자로 평가받는다.

흄은 지식의 근원을 경험으로 보고 이를 인상과 관념으로 구분하여 설명하였다. 인상은 오감(五感)을 통해 얻을 수 있는 감각이나 감정 등을 말하고, 관념은 인상을 머릿속에 떠올리는 것을 말한다. 가령, 혀로 소금의 '짠맛'을 느끼는 것은 인상이고, 머릿속으로 '짠맛'을 떠올리는 것은 관념이다. 인상은 단순 인상과 복합 인상으로 나뉘는데, 단순 인상은 단일 감각을 통해 얻은 인상을, 복합 인상은 단순 인상들이 결합된 인상을 의미한다. 따라서 '짜다'는 단순 인상에, '짜다'와 '희다' 등의 단순 인상들이 결합된 소금의 인상은 복합 인상에 해당한다. 그리고 단순 인상을 통해 형성되는 관념을 단순 관념, 복합 인상을 통해 형성되는 관념을 복합 관념이라 한다. 흄은 단순 인상이 없다면 단순 관념이 존재하지 않는다고 보았다. 그런데 '황금 소금'은 현실에 존재하지 않기 때문에 그 자체에 대한 복합 인상은 없지만, '황금'과 '소금' 각각의 인상이 존재하기 때문에 복합 관념이 존재할 수 있다. 따라서 복합 관념은 복합 인상이 없더라도 존재할 수 있다. 하지만 흄은 '황금 소금'처럼 인상이 없는 관념은 과학적 지식이 될 수 없다고 말하였다. 흄은 과학적 탐구 방식으로서의 인과 관계에 대해서도 비판적 태도를 보였다. 그는 인과 관계란 시공간적으로 인접한 두 사건이 반복해서 발생할 때 갖는 관찰자의 습관적인 기대에 불과하다고 말하였다. 즉, '까마귀 날자 배 떨어진다'라는 속담이 의미하는 것처럼 인과 관계는 필연적 관계임을 확인할 수 없다는 것이다. 그는 '까마귀가 날아오르는 사건'과 '배가 떨어지는 사건'을 관찰할 수는 있지만, '까마귀가 날아오르는 사건이 배가 떨어지는 사건을 야기했다.'라는 생각은 추측일 뿐 두 사건의 인과적 연결 관계를 관찰할 수 없다고 주장한다. 결국 인과 관계란 시공간적으로 인접한 두 사건에 대한 주관적 판단에 불과하므로, 이런 방법을 통해 얻은 과학적 지식이 필연적이라는 생각은 적합하지 않다고 흄은 비판하였다.

또한 흄은 진리를 알 수 있는가의 문제에 대해서도 회의적인 태도를 취했다. 전통적인 진리관에서는 진술의 내용이 사실(事實)과 일치할 때 진리라고 본다. 하지만 흄은 진술 내용이 사실과 일치하는지의 여부를 판단할 수 없다고 보았다. 예를 들어 '소금이 짜다.'라는 진술이 진리가 되기 위해서는 실제 소금이 짜야 한다. 그런데 흄에 따르면 우리는 감각 기관을 통해서만 세상을 인식할 수 있기 때문에 실제 소금이 짠지는 알 수 없다. 그러므로 '소금이 짜다.'라는 진술은 '내 입에는 소금이 짜게 느껴진다.'라는 진술에 불과할 뿐이다. 따라서 비록 경험을 통해 얻은 과학적 지식이라 하더라도 그것이 진리인지의 여부는 확인할 수 없다는 것이 흄의 입장이다.

이처럼 흄은 경험론적 입장을 철저하게 고수한 나머지, 과학적 지식조차 회의적으로 바라보았다는 점에서 비판을 받기도 했다. 하지만 그는 이성만 중시했던 당시 철학 사조에 반기를 들고 경험을 중심으로 지식 및 진리의 문제를 탐구했다는 점에서 근대 철학에 새로운 방향성을 제시했다는 평가를 받는다.

① 데카르트는 이성을 중시하는 관점에서 진리를 찾으려고 하였다.

② 전통적 진리관에 따르면 진리 여부를 판단하는 것은 불가능하다.

③ 흄은 지식의 탐구 과정에서 감각을 통해 얻은 경험을 중시하였다.

④ 흄은 합리론에 반기를 들고 새로운 철학 이론을 구축하려 하였다.

⑤ 흄은 인상을 갖지 않는 관념은 과학적 지식이 될 수 없다고 보았다.

8. 다음 보기 중, 아래 제시 글의 내용을 올바르게 이해하지 못한 것은? (실질 국외순수취 요소소득은 고려하지 않는다)

어느 해의 GDP가 그 전년에 비해 증가했다면 ① 총 산출량이 증가했거나, ② 산출물의 가격이 상승했거나 아니면 ③ 둘 다였을 가능성이 있게 된다. 국가경제에서 생산한 재화와 서비스의 총량이 시간의 흐름에 따라 어떻게 변화하는지(경제성장)를 정확하게 측정하기 위해서는 물량과 가격 요인이 분리되어야 한다. 이에 따라 GDP는 명목 GDP와 실질 GDP로 구분되어 추계되고 있다. 경상가격 GDP(GDP at current prices)라고도 불리는 명목 GDP는 한 나라 안에서 생산된 최종생산물의 가치를 그 생산물이 생산된 기간 중의 가격을 적용하여 계산한 것이다. 반면에 실질 GDP는 기준연도 가격으로 측정한 것으로 불변가격 GDP(GDP at constant prices)라고도 한다.

그러면 실질 구매력을 반영하는 실질 GNI는 어떻게 산출될까? 결론적으로 말하자면 실질 GNI도 실질 GDP로부터 산출된다. 그런데 실질 GNI는 교역조건 변화에 따른 실질 무역 손익까지 포함하여 다음과 같이 계산된다.

> '실질 GNI=실질 GDP+교역조건 변화에 따른 실질 무역 손익+(실질 국외순수취 요소소득)'

교역조건은 수출가격을 수입가격으로 나눈 것으로 수출입 상품간의 교환 비율이다. 교역조건이 변화하면 생산 및 소비가 영향을 받게 되고 그로 인해 국민소득이 변화하게 된다. 예를 들어 교역조건이 나빠지면 동일한 수출물량으로 사들일 수 있는 수입물량이 감소하게 된다. 이는 소비나 투자에 필요한 재화의 수입량이 줄어드는 것을 의미하며 수입재에 의한 소비나 투자의 감소는 바로 실질소득의 감소인 것이다. 이처럼 교역조건이 변화하면 실질소득이 영향을 받기 때문에 실질 GNI의 계산에는 교역조건 변화에 따른 실질 무역 손익이 포함되는 것이다. 교역조건 변화에 따른 실질 무역 손익이란 교역조건의 변화로 인해 발생하는 실질소득의 국외 유출 또는 국외로부터의 유입을 말한다.

① 한 나라의 총 생산량이 전년과 동일해도 GDP가 변동될 수 있다.

② GDP의 중요한 결정 요인은 가격과 물량이다.

③ 실질 GDP의 변동 요인은 물량이 아닌 가격이다.

④ 동일한 제품의 수입가격보다 수출가격이 높으면 실질 GNI는 실질 GDP보다 커진다.

⑤ 실질 GNI가 실질 GDP보다 낮아졌다는 것은 교역조건이 더 나빠졌다는 것을 의미한다.

9. 다음 글을 읽고 이 글의 내용과 부합되는 것을 고르시오.

> 말갈은 고구려의 북쪽에 있으며 읍락마다 추장이 있으나 서로 하나로 통일되지는 못했다. 무릇 7종이 있으니 첫째는 속말부라 부르며 고구려에 접해 있고, 둘째는 백돌부로 속말의 북쪽에 있다. 셋째. 안차골부는 백돌의 동북쪽에 있고, 넷째, 불열부는 백돌의 동쪽에 있다. 다섯째는 호실부로 불열의 동쪽에 있고, 여섯째는 흑수부로 안차골의 서북쪽에 있으며, 일곱째는 백산부로 속말의 동쪽에 있다. 정병은 3천이 넘지 않고 흑수부가 가장 강하다.

① 백돌부는 호실부의 서쪽에 있다.

② 흑수부는 백산부의 동쪽에 있다.

③ 백산부는 불열부의 북쪽에 있다.

④ 안차골부는 속말부의 서북쪽에 있다.

⑤ 안차골부는 고구려에 인접해 있다.

10. 다음은 ◇◇통신사의 VIP혜택이 다음과 같고 甲은 다음의 혜택을 항상 최대로 이용하며 무료 예매혜택을 우선적으로 사용하였다. 甲은 항상 엄마와 함께 영화를 보며 지난해 총 13회 영화 관람을 했는데 7월과 9월에는 영화를 보지 못하였고 상반기에 한 달에 두 번 영화관을 찾은 달은 2번 뿐이었다. 지난해 甲이 영화예매에 사용한 총액은 얼마인가? (단, 엄마는 통신사의 회원이 아니며 모든 비용은 甲이 지불하였고, 성인 영화 티켓은 모든 영화관에서 12,000원이다.)

> 〈VIP혜택〉
> • 연 6회 무료(VIP 무료 영화 혜택 월 1회 1매 제한)
> • 6회 소진 시 영화관 별 별도 할인 혜택 참여 가능
>
> 〈이용가능 극장〉
> 가나 시네마, 다라 시네마, 마바 시네마
>
> 〈상세안내〉
> • 통신사 홈페이지 또는 App에서 예매시(마바 시네마 홈페이지 가능)
> • 중복 할인 제외, 특별관 및 특별 컨텐츠 제외
> • T멤버십 홈페이지/App에서 VIP무료 예매 시, 예매수수료 무료
> • VIP 무료 예매에 한하여 예매수수료는 없으며, 그 외 일반 예매는 1매당 500원 부과 VIP 무료 1장+일반 예매 1장 시, VIP무료 1장의 예매수수료는 무료, 일반 예매 1장은 500원 일반결제
> • 영화 예매 1일 예매 한도 (무료예매 이외 혜택)
> −가나 시네마 : 1일 2매 1천원 할인(월 무제한)
> −다라 시네마 : 무료 예매 비이용 달 3천원 할인(월 2매, 일 1매)
> −마바 시네마 : 1매당 2천원 할인(일 최대 1매 가능)
> • 예매 취소 수수료 무료
> • 예매 가능 좌석은 멤버십 VIP회원용 좌석으로 극장 별 홈페이지와는 다를 수 있음
> • 일부 상영시간의 경우 영화관 요청에 따라 표기되지 않을 수 있음

① 189,000

② 192,000

③ 207,000

④ 219,000

⑤ 224,000

11. ○○기업 감사실 윤리위원회 소속인 甲은 내부고발을 통해 다섯 건의 부정행위를 알게 되었다. 회사내규가 다음과 같을 때 A~E의 행위가 '뇌물에 관한 죄'에 해당하지 않는 것은?

〈내규〉
제○○조 ① 뇌물에 관한 죄는 임직원 또는 중재인이 그 직무에 관하여 뇌물을 수수(收受)·요구 또는 약속하는 수뢰죄와 임직원 또는 중재인에게 뇌물을 약속·공여(자진하여 제공하는 것) 하거나 공여의 의사표시를 하는 증뢰죄를 포함한다. 뇌물에 관한 죄가 성립하기 위해서는 직무에 관하여 뇌물을 수수·요구 또는 약속한다는 사실에 대한 고의(故意)가 있어야 한다. 즉 직무의 대가에 대한 인식이 있어야 한다. 또한 뇌물로 인정되기 위해서는 그것이 직무에 관한 것이어야 하며, 뇌물은 불법한 보수이어야 한다. 여기서 '직무란 임직원 또는 중재인의 권한에 속하는 직무행위 그 자체뿐만 아니라 직무와 밀접한 관계가 있는 행위도 포함하는 개념이다. 그리고 '불법한 보수'란 정당하지 않은 보수이므로, 법령이나 사회윤리적 관점에서 인정될 수 있는 정당한 대가는 뇌물이 될 수 없다. 그 밖에 '수수란 뇌물을 취득하는 것을 의미하며, 수수라고 하기 위해서는 자기나 제3자의 소유로 할 목적으로 남의 재물을 취득할 의사가 있어야 한다. 한편 보수는 직무행위와 대가관계에 있는 것임을 요하고, 그 종류, 성질, 액수나 유형, 무형을 불문한다.
② 중재인이란 법령에 의하여 중재의 직무를 담당하는 자를 말한다. 예컨대 노동조합 및 노동관계조정법에 의한 중재위원, 중재법에 의한 중재인 등이 이에 해당한다.

① A는 사장님 비서실에 재직하면서 ○○은행장인 Z로부터 ○○은행으로 주거래 은행을 바꾸도록 사장님께 건의해 달라는 취지의 부탁을 받고 금전을 받았다.
② B는 각종 인·허가로 잘 알게 된 담당공무원 Y에게 건축허가를 해달라고 부탁하면서 술을 접대하였을 뿐만 아니라 Y가 윤락여성과 성관계를 맺을 수 있도록 하였다.
③ 홍보부 가짜뉴스 대응팀 직원인 C는 ○○회사가 외국인 산업연수생에 대한 관리업체로 선정되도록 중소기업협동조합중앙회 회장 J에게 잘 이야기해 달라는 부탁을 받고 K로부터 향응을 제공받았다.
④ D는 자신이 담당하는 공사도급 관련 입찰 정보를 넘겨주는 조건으로 공사도급을 받으려는 건설업자 X로부터 금품을 받아 이를 개인적인 용도로 사용하였다.
⑤ 해외파견팀장으로서 해외파견자 선발 업무를 취급하던 E가 V로부터 자신을 선발해 달라는 부탁과 함께 사례조로 받은 자기앞수표를 자신의 은행계좌에 예치시켰다가 그 뒤 후환을 염려하여 V에게 반환하였다.

12. 다음 제시된 글에 나타난 문제인식은?

우리나라 국민 10명 가운데 9명은 저출산 현상을 심각하게 보고 있고, 이 중 3명은 저출산이 사회에 끼치는 영향력이 매우 클 것으로 예상하는 것으로 나타났다.
저출산·고령화에 대한 설문조사에 따르면, 참여자 가운데 87.4%가 우리나라 저출산 현상에 대해 '심각하다'고 답했다. '매우 심각하다'는 응답은 24.8%, '어느 정도 심각하다'는 62.6%였다.
저출산의 주된 원인은 '결혼 후 발생하는 비용의 부담'이 31.2%로 가장 많았다. 그 다음으로 '취업난 또는 고용불안정성' 19.5%, '일·가정 양립이 어려운 사회문화' 18.1%, '부족한 소득' 13.1%, '여성위주의 육아 및 가사부담' 10.3% 순으로 조사됐다.
출산과 육아에 대한 사회적 분위기 역시 영향을 미친 것으로 보인다. '출산으로 휴가를 낼 때 직장 상사 및 동료들에게 눈치가 보인다'는 응답이 76.6%로 많았고, '육아휴직을 낼 때 직장 상사 및 동료들에게 눈치가 보인다'는 응답 역시 72.2%로 많았다.

① 저출산 문제의 대책
② 저출산 문제의 인식개선
③ 저출산 문제의 심각성
④ 저출산 문제와 인구 고령화
⑤ 저출산 문제의 정책 변화

13. 다음과 같은 문제 상황을 인지한 A사는 甲의 행위를 절도로 판단하고 이를 위한 대책을 수립하려고 한다. 이러한 문제 상황에 봉착한 A사가 가장 먼저 해야 할 일로 적절한 것은 다음 보기 중 어느 것인가?

甲은 A사의 기술연구소 기술고문으로 근무하면서 주도적으로 첨단기술 제조공법을 개발했음에도 뚜렷한 상여금이나 인센티브를 받지 못하고 승진에서도 누락된 사실을 알고 불만을 품게 됐다. 당시 반도체 분야에 새로이 진출하고자 하는 경쟁업체인 B사에서 이와 같은 사실을 알고 甲이 A사에서 받던 급여 조건보다 월등하게 좋은 연봉, 주택제공 등의 조건을 제시하여 甲을 영입하기로 했다.
甲은 B사의 상무이사로 입사하기로 하고, A사의 기술 및 영업 자료를 향후 B사의 생산 및 판매 자료로 활용할 것을 마음먹고 A사 사무실에서 회사의 기술상·영업상의 자료들인 매출단가 품의서, 영업추진계획, 반도체 조립공정 문제점 및 개선대책 등을 서류가방에 넣어 가지고 나와 이를 B사에 넘겨주었다.

① 자료 유출 시의 전 직원에 대한 강화되고 엄격해진 규정을 마련하여 즉시 실시한다.

② 강화된 보안 대책과 함께 컴퓨터 파일 유출을 방지할 수 있는 기술 도입을 검토한다.

③ 인센티브나 승진 문제 등 甲의 행위가 촉발된 근본 원인을 찾아낸다.

④ 사내 보안상의 허점을 파악하고 직원 출퇴근 시의 자료 유출 가능성을 분석해 본다.

⑤ 어떻게 자료 유출이 가능했는지를 확인하고 甲과 B사에 대한 대응방안을 정확히 수립한다.

14. 8층에서 엘리베이터를 타게 된 갑, 을, 병, 정, 무 5명은 5층부터 내리기 시작하여 마지막 다섯 번째 사람이 1층에서 내리게 되었다. 다음 〈조건〉을 만족할 때, 1층에서 내린 사람은 누구인가?

〈조건〉
• 2명이 함께 내린 층은 4층이며, 나머지는 모두 1명씩만 내렸다.
• 을이 내리기 직전 층에서는 아무도 내리지 않았다.
• 무는 정의 바로 다음 층에서 내렸다.
• 갑과 을은 1층에서 내리지 않았다.

① 갑   ② 을
③ 병   ④ 정
⑤ 무

15. 다음 글에서 엿볼 수 있는 문제의 유형과 사고력의 유형이 알맞게 짝지어진 것은?

대한상사는 가전제품을 수출하는 기업이다. 주요 거래처가 미주와 유럽에 있다 보니 대한상사는 늘 환율 변동에 대한 리스크를 안고 있다. 최근 북한과 중동의 급변하는 정세 때문에 연일 환율이 요동치고 있어 대한상사는 도저히 향후 손익 계획을 가름해 볼 수 없는 상황이다. 이에 따라 가격 오퍼 시 고정 환율을 적용하거나 현지에 생산 공장을 설립하는 문제를 심각하게 검토하고 있다.

	문제의 유형	사고력 유형
①	탐색형 문제	논리적 사고
②	설정형 문제	논리적 사고
③	탐색형 문제	비판적 사고
④	설정형 문제	창의적 사고
⑤	발생형 문제	비판적 사고

16. 다음 SWOT 분석기법에 대한 설명과 분석 결과 사례를 토대로 한 대응 전략으로 가장 적절한 것은?

SWOT 분석은 내부 환경요인과 외부 환경요인의 2개의 축으로 구성되어 있다. 내부 환경요인은 자사 내부의 환경을 분석하는 것으로 분석은 다시 자사의 강점과 약점으로 분석된다. 외부환경요인은 자사 외부의 환경을 분석하는 것으로 분석은 다시 기회와 위협으로 구분된다. 내부환경요인과 외부환경요인에 대한 분석이 끝난 후에 매트릭스가 겹치는 SO, WO, ST, WT에 해당되는 최종 분석을 실시하게 된다. 내부의 강점과 약점을, 외부의 기회와 위협을 대응시켜 기업의 목표를 달성하려는 SWOT 분석에 의한 발전전략의 특성은 다음과 같다.

• SO전략 : 외부 환경의 기회를 활용하기 위해 강점을 사용하는 전략 선택
• ST전략 : 외부 환경의 위협을 회피하기 위해 강점을 사용하는 전략 선택
• WO전략 : 자신의 약점을 극복함으로써 외부 환경의 기회를 활용하는 전략 선택
• WT전략 : 외부 환경의 위협을 회피하고 자신의 약점을 최소화하는 전략 선택

[분석 결과 사례]

강점 (Strength)	• 해외 조직 관리 경험 풍부 • 자사 해외 네트워크 및 유통망 다수 확보
약점 (Weakness)	• 순환 보직으로 인한 잦은 담당자 교체로 업무 효율성 저하 • 브랜드 이미지 관리에 따른 업무 융통성 부족
기회 (Opportunity)	• 현지에서 친숙한 자사 이미지 • 현지 정부의 우대 혜택 및 세제 지원 약속
위협 (Threat)	• 일본 경쟁업체와의 본격 경쟁체제 돌입 • 위안화 환율 불안에 따른 환차손 우려

내부환경 외부환경	강점(Strength)	약점(Weakness)
기회 (Opportunity)	① 세제 혜택을 통하여 환차손 리스크 회피 모색	② 타 해외 조직의 운영 경험을 살려 업무 효율성 벤치마킹
위협(Threat)	③ 다양한 유통채널을 통하여 경쟁체제 우회 극복	④ 해외 진출 경험으로 축적된 우수 인력 투입으로 업무 누수 방지 ⑤ 자사의 우수한 이미지를 내세워 경쟁 우위 선점

7

17. 다음 사례에 나타난 리더십 유형의 특징으로 옳은 것은?

> 이번에 새로 팀장이 된 대근은 입사 5년차인 비교적 젊은 팀장이다. 그는 자신의 팀에 있는 팀원들은 모두 나름대로의 능력과 경험을 가지고 있으며 자신은 그들 중 하나에 불과하다고 생각한다. 따라서 다른 팀의 팀장들과 같이 일방적으로 팀원들에게 지시를 내리거나 팀원들의 의견을 듣고 그 중에서 마음에 드는 의견을 선택적으로 추리는 등의 행동을 하지 않고 평등한 입장에서 팀원들을 대한다. 또한 그는 그의 팀원들에게 의사결정 및 팀의 방향을 설정하는데 참여할 수 있는 기회를 줌으로써 팀 내 행동에 따른 결과 및 성과에 대해 책임을 공유해 나가고 있다. 이는 모두 팀원들의 능력에 대한 믿음에서 비롯된 것이다.

① 질문을 금지한다.
② 모든 정보는 리더의 것이다.
③ 실수를 용납하지 않는다.
④ 책임을 공유한다.
⑤ 핵심정보를 공유하지 않는다.

18. 다음 사례에서 장 부장이 취할 수 있는 가장 적절한 행동은 무엇인가?

> 서울에 본사를 둔 T그룹은 매년 상반기와 하반기에 한 번씩 전 직원이 워크숍을 떠난다. 이는 평소 직원들 간의 단체생활을 중시 여기는 T그룹 회장의 지침 때문이다. 하지만 워낙 직원이 많은 T그룹이다 보니 전 직원이 한꺼번에 움직이는 것은 불가능하고 각 부서별로 그 부서의 장이 재량껏 계획을 세우고 워크숍을 진행하도록 되어 있다. 이에 따라 생산부서의 장 부장은 부원들과 강원도 태백산에 가서 1박 2일로 야영을 하기로 했다. 하지만 워크숍을 가는 날 아침 갑자기 예약한 버스가 고장이 나서 출발을 못한다는 연락을 받았다.

① 워크숍은 장소보다도 이를 통한 부원들의 단합과 화합이 중요하므로 서울 근교의 적당한 장소를 찾아 워크숍을 진행한다.
② 무슨 일이 있어도 계획을 실행하기 위해 새로 예약 가능한 버스를 찾아보고 태백산으로 간다.
③ 어쩔 수 없는 일이므로 상사에게 사정을 얘기하고 이번 워크숍은 그냥 집에서 쉰다.
④ 각 부원들에게 의견을 물어보고 각자 자율적으로 하고 싶은 활동을 하도록 한다.
⑤ 시간이 늦어지더라도 예정된 강원도로 야영을 간다.

19. 다음 사례를 보고 리츠칼튼 호텔의 고객서비스 특징으로 옳은 것은?

> Robert는 미국 출장길에 샌프란시스코의 리츠칼튼 호텔에서 하루를 묵은 적이 있었다. 그는 서양식의 푹신한 베개가 싫어서 프런트에 전화를 걸어 좀 딱딱한 베개를 가져다 달라고 요청하였다. 호텔 측은 곧이어 딱딱한 베개를 구해왔고 덕분에 잘 잘 수 있었다. 다음날 현지 업무를 마치고 다음 목적지인 뉴욕으로 가서 우연히 다시 리츠칼튼 호텔에서 묵게 되었는데 아무 생각 없이 방 안에 들어간 그는 깜짝 놀랐다. 침대 위에 전날 밤 사용하였던 것과 같은 딱딱한 베개가 놓여 있는 게 아닌가. 어떻게 뉴욕의 호텔이 그것을 알았는지 그저 놀라울 뿐이었다. 그는 호텔 측의 이 감동적인 서비스를 잊지 않고 출장에서 돌아와 주위 사람들에게 침이 마르도록 칭찬했다. 어떻게 이런 일이 가능했을까? 리츠칼튼 호텔은 모든 체인점이 항시 공유할 수 있는 고객 데이터베이스를 구축하고 있었고, 데이터베이스에 저장된 정보를 활용해서 그 호텔을 다시 찾는 고객에게 완벽한 서비스를 제공하고 있었던 것이다.

① 불만 고객에 대한 사후 서비스가 철저하다.
② 신규 고객 유치를 위해 이벤트가 다양하다.
③ 고객이 물어보기 전에 고객이 원하는 것을 실행한다.
④ 고객이 원하는 것이 이루어질 때까지 노력한다.
⑤ 고객이 있는 곳으로 셔틀을 보내는 서비스를 제공한다.

20. 인간관계에서 신뢰를 구축하는 방법으로 가장 거리가 먼 것은?

① 상대에 대한 이해와 양보
② 사소한 일에 대한 관심
③ 무조건적인 사과
④ 언행일치
⑤ 감사하는 마음

21. 갈등이 증폭되는 일반적인 원인이 아닌 것은?

① 승·패의 경기를 시작
② 승리보다 문제 해결을 중시하는 태도
③ 의사소통의 단절
④ 각자의 입장만을 고수하는 자세
⑤ 적대적 행동

22. 협상과정을 순서대로 바르게 나열한 것은?

① 협상 시작→상호 이해→실질 이해→해결 대안→합의
문서

② 협상 시작→상호 이해→실질 이해→합의 문서→해결
대안

③ 협상 시작→실질 이해→상호 이해→해결 대안→합의
문서

④ 협상 시작→실질 이해→상호 이해→합의 문서→해결
대안

⑤ 협상 시작→실질 이해→해결 대안→상호 이해→합의
문서

23. 다음 커뮤니케이션의 기능 중에서 구성원들은 자신이 속한 집단이나 조직에서 이루어지는 고충 기쁨 만족감이나 불쾌감등을 토로, 자신의 감정을 표출하고 다른 사람과의 교류를 넓혀나가는 것은 무엇과 관련성이 있는 것인가?

① 정보전달기능

② 정서기능

③ 동기유발기능

④ 통제기능

⑤ 조합기능

24. 다음 고객행동의 유발 특성에서 고객의 구매유발 매개체를 만들고 이를 설득해서 고객의 행동을 유발하는 것과 관련이 깊은 것은?

① 고객이 현재 접촉 중인 기업의 상품이나 또는 서비스 등에 대한 갈등 및 망설임, 의문사항 등이 있을 시에 1:1 커뮤니케이션을 통해서 고객의 행동을 유도한다.

② 고객들의 과거경험 및 주관적 입장을 파악해서 고객들에게 새로운 것을 제시한다.

③ 상품 속성의 평가에 관한 절대적 기준이 없으므로, 차별적인 대안으로 비교분석할 수 있게 하여 고객이 직접적으로 구매가치를 결정할 수 있게 한다.

④ 어떠한 특정의 브랜드나 또는 회사명 등을 집중적으로 광고해 경쟁자가 회상되는 것을 저지한다.

⑤ 지명도 1위, 시장점유율 1위, 선호도 1위 등과 같이 시장 우위나 또는 브랜드 우위를 내세워 설득한다.

25. 다음 중 '클라우드 컴퓨팅'에 대한 적절한 설명이 아닌 것은?

① 사용자들이 복잡한 정보를 보관하기 위해 별도의 데이터 센터를 구축할 필요가 없다.

② 정보의 보관보다 정보의 처리 속도와 정확성이 관건인 네트워크 서비스이다.

③ 장소와 시간에 관계없이 다양한 단말기를 통해 정보에 접근할 수 있다.

④ 주소록, 동영상, 음원, 오피스 문서, 게임, 메일 등 다양한 콘텐츠를 대상으로 한다.

⑤ 클라우드 컴퓨팅을 활용하면 스마트 폰으로 이동 중에 시청하던 영상을 집에 도착하여 TV로 볼 수 있게 된다.

26. 다 '수량'과 '품목코드'별 단가를 이용하여 금액을 다음과 같이 산출하였다. 다음 중 'D2' 셀에 사용된 함수식으로 올바른 것은?

	A	B	C	D
1	매장명	품목코드	수량	총금액
2	갑 지점	ST-03	15	45,000
3	을 지점	KL-15	25	125,000
4	병 지점	ST-03	30	90,000
5	정 지점	DY-20	35	245,000
6				
7		품목코드	단가	
8		ST-03	3000	
9		KL-15	7000	
10		DY-20	5000	

① =C2*VLOOKUP(B2,$B$8:$C$10,1,1)

② =B2*HLOOKUP(C2,$B$8:$C$10,2,0)

③ =B2*VLOOKUP(B2,$B$8:$C$10,1,1)

④ =C2*VLOOKUP(B2,$B$8:$C$10,2,0)

⑤ =C2*HLOOKUP($B$8:$C$10,2,B2)

27. 다음 글에 나타난 컴퓨터의 기능으로 올바른 것은?

> 한국중세사 수업을 듣고 있는 지원이는 최근 조별 과제 발표자가 되었다. 발표 당일에 조원들이 조사해온 자료들을 종합한 USB를 컴퓨터에 인식시켰고 해당 자료를 바탕화면에 복사하여 발표 준비를 마쳤다.

① 입력기능

② 기억기능

③ 연산기능

④ 제어기능

⑤ 출력기능

28. 다음 파일/폴더에 관한 특징 중, 올바른 설명을 모두 고른 것은 어느 것인가?

> (가) 파일은 쉼표(,)를 이용하여 파일명과 확장자를 구분한다.
> (나) 폴더는 일반 항목, 문서, 사진, 음악, 비디오 등의 유형을 선택하여 각 유형에 최적화된 폴더로 사용할 수 있다.
> (다) 파일/폴더는 새로 만들기, 이름 바꾸기, 삭제, 복사 등이 가능하며, 파일이 포함된 폴더도 삭제할 수 있다.
> (라) 파일/폴더의 이름에는 ₩, /, :, *, ?, ", 〈, 〉 등의 문자는 사용할 수 없으며, 255자 이내로(공백 미포함) 작성할 수 있다.
> (마) 하나의 폴더 내에 같은 이름의 파일이나 폴더가 존재할 수 없다.
> (바) 폴더의 '속성' 창에서 해당 폴더에 포함된 파일과 폴더의 개수를 확인할 수 있다.

① (나), (다), (라), (마)
② (가), (라), (마), (바)
③ (나), (다), (마), (바)
④ (가), (나), (라), (마)
⑤ (가), (나), (다), (라)

29. 다음 중 '자료', '정보', '지식'의 관계에 대한 설명으로 옳지 않은 것은?

① 객관적 실제의 반영이며, 그것을 전달할 수 있도록 기호화한 것을 자료라고 한다.
② 특정 상황에서 그 가치가 평가된 데이터를 정보와 지식이라고 말한다.
③ 데이터를 집적하고 체계화하여 장래의 일반적인 사항에 대비해 보편성을 갖도록 한 것을 지식이라고 한다.
④ 자료를 가공하여 이용 가능한 정보로 만드는 과정을 자료처리(data processing)라고도 하며 일반적으로 컴퓨터가 담당한다.
⑤ 업무 활동을 통해 알게 된 세부 데이터를 컴퓨터로 일목요연하게 정리해 둔 것을 지식이라고 볼 수 있다.

30. 사이버 공간은 다양한 연령층의 사람들이 익명성을 보장받은 상태에서 상호 교류를 가질 수 있는 곳이다. 다음 중 이러한 사이버 공간에서의 예절에 대한 설명으로 적절하지 않은 것은?

① 이모티콘을 윗사람에게 보내는 것은 예의에 어긋나는 행위이다.
② 대화방에 새로 들어가게 되면 그간의 대화 내용을 파악하려고 노력한 후 대화에 참여한다.
③ 게시판에 글을 게재할 경우에는 글을 쓰기 전에 이미 같은 내용의 글이 없는지 확인한다.
④ 공개 자료실에 여러 개의 파일을 올릴 때에는 가급적 압축을 한 후 올리도록 한다.
⑤ 다수의 이용자와 함께 인터넷 게임 중 예고도 없이 일방적으로 퇴장하는 일은 삼가야 한다.

31. 다음 중 컴퓨터에서 사용되는 자료의 물리적 단위가 큰 것부터 순서대로 올바르게 나열된 것은?

① Word – Byte – Nibble – Bit
② Byte – Word – Nibble – Bit
③ Word – Byte – Bit – Nibble
④ Word – Nibble – Byte – Bit
⑤ Bit – Byte – Nibble – Word

32. 다음 매크로 실행 및 보안에 대한 설명 중 옳지 않은 것은?

① Alt+F1 키를 누르면 Visual Basic Editor가 실행되며, 매크로를 수정할 수 있다.
② Alt+F8 키를 누르면 매크로 대화 상자가 표시되어 매크로 목록에서 매크로를 선택하여 실행할 수 있다.
③ 매크로 보안 설정 사항으로는 모든 매크로 제외(알림 표시 없음), 모든 매크로 제외(알림 표시), 디지털 서명된 매크로만 포함, 모든 매크로 포함(알림 표시) 등이 모두 권장된다.
④ 개발 도구-코드 그룹의 매크로를 클릭하거나 매크로를 기록할 때 지정한 바로가기 키를 눌러 매크로를 실행할 수 있다.
⑤ 빠른 실행 도구 모음에 매크로를 선택하여 아이콘으로 추가한 후 아이콘을 클릭하여 매크로를 실행한다.

33. 다음에서 설명하고 있는 직업윤리의 덕목은?

> 자신의 일이 자신의 능력과 적성에 꼭 맞는다고 여기고 그 일에 열성을 가지고 성실히 임하는 태도

① 소명의식
② 천직의식
③ 직분의식
④ 책임의식
⑤ 문제의식

34. 서비스업무자가 고객 앞에서 해서는 안 될 행동이 아닌 것은?

① 고객을 방치한 채 업무자끼리 대화하는 행위
② 시끄럽게 구두소리를 내며 걷는 행위
③ 업무상 전화를 받는 행위
④ 화장을 하거나 고치는 행위
⑤ 동료와 사적인 이야기를 하는 행위

35. 다음 빈칸에 들어갈 용어로 올바른 것은?

> • 1980년대 이후 소득수준과 생활수준이 급격히 향상되면서 근로자들이 일하기를 꺼리는 업종을 지칭하는 신조어를 말한다.
> • 더러움을 의미하는 dirty, 힘듦을 의미하는 difficult, (㉠)을 의미하는 dangerous의 앞 글자를 따 만들었다.
> • 본래는 제조업, 광업, 건축업 등 더럽고 어려우며 위험한 분야의 산업을 일컬었으나 최근에는 주로 젊은층을 위주로 한 노동인력의 취업경향을 설명하는 데 사용된다.

① 위험함
② 연관성
③ 어두움
④ 이질감
⑤ 선명함

36. 다음 설명에 해당하는 직업윤리의 덕목은?

> 자신의 일이 누구나 할 수 있는 것이 아니라 해당분야의 지식을 바탕으로 가능한 것이라 믿는 태도

① 전문가의식
② 소명의식
③ 천직의식
④ 직분의식
⑤ 책임의식

37. 다음 중 휴대전화 예절로 옳지 않은 것은?

① 당신이 어디에서 휴대전화로 전화를 하든지 간에 상대방에게 통화를 강요하지 않는다.
② 상대방이 장거리 요금을 지불하게 되는 휴대전화의 사용은 피한다.
③ 비상시에만 휴대전화를 사용하는 친구에게는 휴대전화로 전화하지 않는다.
④ 운전하면서 휴대전화를 사용할 수 있다.
⑤ 친구의 휴대전화를 빌려 달라고 부탁하지 않는다.

38. 다음은 우리나라의 회식 및 음주예절에 관한 내용이다. 가장 바르지 않은 것을 고르면?

① 술잔은 상위자에게 먼저 권하고 경우에 따라서 무릎을 꿇거나 또는 서서 잔을 따른다.
② 술을 마시지 않더라도 술잔을 입에 대었다가 내려놓는다.
③ 만약의 경우 선약이 있어서 중간에 회식자리를 떠날 시에는 사전 또는 중간에 상위자에게 보고하고 이석한다.
④ 건배 시에 잔을 부딪칠 때에는 상위자의 술잔보다 높게 들어야 한다.
⑤ 회식자리의 배치는 최상위자(주빈)을 맨 안쪽의 중간에 배치하며, 나머지는 최상위자와의 관계성, 송·환영 회식 등의 성격에 의해 자리에 착석한다.

39. 다음 중 사무실 매너로 가장 바르지 않은 것은?

① 어려울 시에는 서로를 위로하며 격려한다.

② 업무가 끝나면 즉각적으로 보고를 하고 중간보고는 생략한다.

③ 내방객 앞에서는 직원 간 상호 존대의 표현을 한다.

④ 서로를 존중하고 약속을 지킨다.

⑤ 가까울수록 예의를 갖추고 언행을 주의한다.

40. 다음 경조사 매너에 관한 내용 중 결혼축하 예절로 바르지 않은 것을 고르시오.

① 결혼식 초대장은 2~3주 전에 미리 발송한다.

② 결혼 후에 감사장은 결혼 후 2주 안에 보내는 것이 좋다.

③ 결혼식 선물은 혼례 당일에 전달하는 것이 좋다.

④ 결혼식장에 축하객으로 참석하는 경우에는 신부 및 신랑보다 화려한 옷은 피한다.

⑤ 부조금 봉투는 축 혼인(祝 婚姻)이라고 쓰고 부조하는 사람의 이름 뒤에는 하배(賀拜)라고 쓴다.

41. 다음 의사결정의 이론 모형 중 기술적 모형에 관한 내용으로 가장 옳지 않은 것은?

① 이는 현실상황에서 실제로 의사결정을 내리는 방식을 설명하는 모형을 말한다.

② 의사결정자는 대안과 그 결과에 대해 완전한 정보를 가질 수 있는 무제한 합리성을 전제로 한다.

③ 이러한 모형에서의 의사결정자는 관리적 인간으로 만족을 추구한다.

④ 제약된 합리성 하에서 의사결정을 내리는 경우에 최적의 의사결정보다는 만족스러운 의사결정을 추구한다.

⑤ 지식의 불완전성, 예측의 곤란성, 가능한 대체안의 제약을 전제하는데 주로 비정형화된 문제해결에 적합하다.

42. 다음 중 경로길이 결정에서의 고려요인 중 나머지 넷과 성격이 다른 하나는?

① 부패가능성

② 제품유형

③ 대체율

④ 복잡성

⑤ 고객분산의 정도

43. 다음 지식경영에 관련한 설명으로 가장 옳지 않은 것은?

① 지식경제에서는 기업·조직·개인·공동체가 효율적으로 지식을 창출·획득·전달·공유할 수 있어야 한다.

② 기술이전과 네트워크이론은 조직 내부가 아닌 조직 외부로부터의 지식창출과 관련된 분야이다.

③ 정보기술 시스템은 지식경영 분야에서 가장 빠른 성장과 발전을 거듭하고 있는 분야이다.

④ 혁신이론은 지식경영과는 간접적인 관계를 지니고 있다.

⑤ 혁신이론은 국가의 정책과 체계에 관한 이론들까지 제시해 주고 있다.

44. 다음 지문의 내용과 가장 관련이 깊은 것은?

> 과거 공급자 위주의 치약시장에서는 한 종류의 치약밖에 없었으나, 최근에는 소득수준이 높아지면서 치약에 대한 소비자들의 욕구가 다양해지고, 치약시장이 나누어지기 시작하였다. 그래서 지금의 치약시장은 가격에 민감한 시장, 구강건강이 주된 관심인 시장, 치아의 미용 효과가 주된 관심인 시장, 유아용 치약시장 심지어는 노인 및 환자를 주된 고객으로 하는 치약시장까지 개발되어 나누어져 있는 것을 알 수 있다.

① 목표시장 선정
② 시장세분화
③ 포지셔닝 전략
④ 마케팅믹스 전략
⑤ BCG 매트릭스 전략

45. 다음 중 지식중심의 조직에서 일하는 모든 경영자와 지식근로자들이 알아두어야 할 자기개발의 핵심으로 바르지 않은 것은?

① 권력행사
② 인간관계
③ 의사결정
④ 목표달성
⑤ 시간관리

46. 다음 중 기능별 조직의 설명으로 가장 거리가 먼 것은?

① 모든 조직구조 형성의 기본요소가 되며 더불어 모든 조직의 기준이 되고 있다.
② 전체조직을 인사·생산·재무·회계·마케팅 등의 경영기능을 중심으로 부문화하고 있는 형태를 띠고 있다.
③ 부서별로 분업이 이루어짐에 따라 전문화를 촉진시켜 능률을 향상시킨다.
④ 이러한 형태는 주로 많은 종류의 제품이나 서비스를 생산 및 판매하는 대규모 기업에서 선호된다.
⑤ 규모가 확대되어 구조가 복잡해지면 기업전체의 의사결정이 지연되고, 기업전반의 효율적인 통제가 어려워지는 문제점이 있다.

47. 다음 중 QR 시스템의 효과로 바르지 않은 것은?

① QR이 추구하는 목적은 제품개발의 짧은 사이클화를 이룩하고, 소비자의 욕구에 신속 대응하는 정품을, 정량에, 적정가격으로, 적정장소로 유통 시키는 데 있다.
② QR은 정보기술과 참여기술의 활동을 통해 상품에 대한 소비자들의 반응에 신속히 대처 하며 비용을 절감한다는 목표를 두고 있다.
③ QR은 원자재 조달과 생산 그리고 배송에서 누적 리드타임을 지연시키고 안전재고를 감소시키며, 예측오류를 감소시키는 효과가 있다. 또한 상품 로스율을 감소시킨다.
④ QR 시스템은 업체에서는 즉각적인 고객서비스를 할 수 있어 서비스의 질을 향상시킬 수 있고 업무의 효율성과 소비자의 만족을 극대화시킨다.
⑤ QR 시스템은 상품을 수령하는 데 따른 비용을 줄여준다.

48. 다음은 교육훈련 기법 중 직장 외 교육훈련에 관한 설명이다. 이에 대한 설명으로 바르지 않은 것은?

① 이 방식은 현장의 직속상사를 중심으로 하는 라인 담당자를 중심으로 해서 이루어진다.
② 교육훈련을 담당하는 전문스태프의 책임 하에 집단적으로 교육훈련을 실시하는 방식이다.
③ 기업 내의 특정한 교육훈련시설을 통해서 실시되는 경우도 있고, 기업 외의 전문적인 훈련기관에 위탁하여 수행되는 경우도 있다.
④ 이러한 방식은 현장작업과 관계없이 계획적으로 훈련할 수 있는 방식이다.
⑤ 이러한 방식은 훈련결과를 직무현장에서 곧바로 활용하기 어렵다는 문제점이 있다.

49. 다음이 설명하고 있는 경영혁신 기법은?

> 이는 기업의 비용·품질·서비스·속도와 같은 핵심적 분야에서 극적인 향상을 이루기 위해 기존의 업무수행방식을 원점에서 재검토하여 업무처리절차를 근본적으로 재설계하는 것이다.

① 고객관계관리
② 아웃소싱
③ 구조 조정
④ 벤치마킹
⑤ 리엔지니어링

50. 다음 중 직무기술서에 관한 설명으로 가장 거리가 먼 것은?

① 직무내용과 직무요건에 동일한 비중을 두고, 직무 자체의 특성을 중심으로 정리한다.

② 직무명칭, 직무개요, 직무내용, 장비·환경·작업 활동 등의 직무요건 등이 포함되어진다.

③ 속직적 기준, 직무행위의 개선점 등이 포함된다.

④ 과업중심적인 직무분석에 의하여 얻어진다.

⑤ 인적자원관리의 구체적이고 특정한 목적을 위해 세분화하여 작성하게 된다.

51. 다음 중 앤소프가 말한 조직계층별 분류에서 전략적 의사결정에 해당하는 내용으로 볼 수 있는 것은?

① 외부환경과의 관계에 대한 비정형적인 문제를 다루게 된다.

② 자재 및 설비의 조달, 종업원의 훈련과 개발, 자금조달 등의 내용을 다루게 된다.

③ 주로 일선 감독층에서 행하는 의사결정이라 할 수 있다.

④ 기업의 제 자원을 활용함에 있어서 그 성과가 극대화될 수 있는 방향으로 조직화하는 의사결정방식이다.

⑤ 자원배분, 업무일정계획 등이 전략적 의사결정에 해당하는 대표적인 예이다.

52. 다음 고객생애가치의 특징에 관한 설명 중 가장 바르지 않은 것은?

① 고객생애가치는 고객과 기업 간에 존재하는 관계의 전체적인 가치가 아닌 한 시점에서의 가치이다.

② 고객생애가치는 매출액이 아니고 이익을 의미한다.

③ 고객생애가치는 우량 고객의 효과적 관리를 위해서는 이들이 느끼는 가치에 따라 보상 프로그램을 차별적으로 실시하는 것이 바람직하다.

④ 고객생애가치를 산출함에 있어서 기업은 어떤 고객이 기업에게 이롭고 유리한 고객인가를 파악할 수 있다.

⑤ 고객생애가치는 고객의 이탈률이 낮을수록 증가하게 된다.

53. 다음 공동수배송의 효과 중 그 의미가 다른 하나는?

① 수배송 업무의 효율화

② 운송횟수의 감소로 수배송 비용의 절감

③ 차량 및 시설투자 증가의 억제

④ 교통량의 감소에 의한 환경보전

⑤ 검사 등 일선업무의 효율화

54. 다음 중 매트릭스 조직에 관한 설명으로 바르지 않은 것은?

① 이러한 조직의 경우 효율성 목표와 유연성 목표를 동시에 달성하고자 하는 의도에서 발생하였다.

② 조직의 경영자가 프로젝트와 같은 구체적인 목적을 효율적으로 달성하기 위한 조직구조를 만들고자할 때 사용되는 부문화 방법이라 할 수 있다.

③ 매트릭스 조직의 경우 프로젝트 조직과는 달리 영구적인 조직이다.

④ 고도로 복잡한 임무를 수행하는 우주산업 · 연구개발 사업 · 건설회사 · 광고대행업 등의 대규모 기업에서 널리 활용되고 있는 형태의 조직구조이다.

⑤ 매트릭스 조직에서 작업자는 3중 명령체계를 갖는다.

55. 다음 중 괄호 안에 들어갈 말로 가장 적절한 것은?

> (   )에서 중점을 두어야 할 것으로는 사내 파렛트 풀 결성 등 물류 단위화, 포장의 모듈화·간이화·기계화, 하역의 기계화 · 자동화 등이 있으며, 합리화 과제로는 물류센터의 입지와 규모의 결정, 적정 서비스 수준과 적정재고의 유지, 수배송 정책의 결정 등이 있다.

① 폐기물류

② 조달물류

③ 역물류

④ 판매물류

⑤ 생산물류

56. 다음 마케팅 개념의 전개순서로 바른 것은?

① 마케팅개념 → 사회적 마케팅개념 → 생산개념 → 판매개념 → 제품개념

② 판매개념 → 마케팅개념 → 생산개념 → 제품개념 → 사회적 마케팅개념

③ 생산개념 → 판매개념 → 제품개념 → 마케팅개념 → 사회적 마케팅개념

④ 판매개념 → 제품개념 → 생산개념 → 마케팅개념 → 사회적 마케팅개념

⑤ 생산개념 → 제품개념 → 판매개념 → 마케팅개념 → 사회적 마케팅개념

57. 아래의 내용은 고객의 특성을 이해해서 기업경영에 있어서의 성공을 거둔 사례이다. 해당 기업에서 경영에 적용한 고객의 특성은 무엇인가?

> 미국 홈 디포의 경우에서는 목표로 한 고객층이었던 DIY (DO-It-Yourself)족이 나이를 먹어감에 따라 이들의 욕구도 변할 것이라고 생각하였다. 점포에서 무료상담 및 낮은 가격으로 직접 카펫이나 또는 문난방 시스템 등을 설치해 주는 서비스를 시작해서 대성공을 거두었다.

① 고객의 접촉 중시

② 고객의 가치 중시

③ 고객의 신뢰 중시

④ 고객의 감성 중시

⑤ 고객의 민감한 변화 중시

58. 고객행동 유발의 특성에 관한 내용 중 "차별적 대안으로 인해 비교분석을 가능하게 할 수 있게 해서 고객으로 하여금 직접적으로 구매가치를 결정할 수 있게 하는 것이다."와 관련이 있는 것은?

① 대조 및 나열행동 효과

② 선도 효과

③ 세뇌행동 효과

④ 유인행동 효과

⑤ 구성 및 연출효과

59. 매년 영구적으로 동일하게 3,000원의 배당을 지급하는 A회사의 주식이 있다. 이때 요구수익률이 20%일 때 해당 주식의 내재가치를 구하면?

① 10,000원   ② 12,000원

③ 13,000원   ④ 15,000원

⑤ 17,000원

60. 다음 수요상황 중 성격이 다른 것은?

① 부정적 수요   ② 불규칙적 수요

③ 잠재적 수요   ④ 감퇴적 수요

⑤ 무수요

61. 다음 중 전통적 인사관리에 대한 설명으로 가장 옳지 않은 것은?

① 오로지 기업 조직의 목표만을 강조하고 있다.

② 현재의 인력을 활용하는 정도의 단기적 안목을 지니고 있는 인사관리 방식이다.

③ CDP와 같은 경력중심의 인사관리에 중점을 두고 있다.

④ 타율적이면서 소극적인 X이론적인 인간관을 바탕으로 하고 있다.

⑤ 노동조합에 대해 억제하는 경향을 지니고 있다.

62. 다음 중 말킬(Malkiel)이 제시한 채권가격의 정리에 대한 설명으로 바르지 않은 것은?

① 동일한 이자율 변동에 의해 만기까지의 기간이 길어질수록 장기채권의 가격은 단기채권의 가격보다 더 큰 폭으로 변동하게 된다.

② 이표이율이 높아질수록 일정한 시장이자율 변동에 의한 채권가격의 변동률은 작아지게 된다.

③ 이자율의 변동이 발생할 시에는 만기까지의 기간이 길어질수록 채권의 가격은 보다 더 커다란 폭으로 변동하게 된다.

④ 채권가격은 이자율 수준에서의 움직임과 동일한 방향으로 변동하게 된다.

⑤ 시장이자율이 동일한 크기로 상승하거나 또는 하락할 때 채권 가격의 하락 및 상승이 비대칭적이다.

63. 다음은 시장세분화 조건에 대한 내용들이다. 이 중 가장 옳지 않은 것은?

① 마케터가 각 세분시장에 속하는 구성원을 확인하고, 세분화 근거에 따라 그 규모 및 구매력 등의 크기를 측정할 수 있어야 한다는 것은 측정 가능성을 의미하는 것이다.

② 각 세분시장은 별도의 마케팅 노력을 할애받을 만큼 규모가 크고 수익성이 높아야 한다는 것은 유지 가능성을 의미하는 것이다.

③ 마케터가 각 세분시장에게 기업이 별도의 상이한 마케팅 노력을 효과적으로 집중시킬 수 있어야 한다는 것은 접근 가능성을 의미하는 것이다.

④ 마케터가 각 세분시장에게 적합한 마케팅 믹스를 실제로 개발할 수 있는 능력 및 자원을 가지고 있어야 한다는 것은 실행 가능성을 의미하는 것이다.

⑤ 특정 마케팅 믹스에 대한 반응 및 세분화 근거에 있어 같은 세분시장의 구성원은 이질성을 보여야 하고, 다른 세분시장의 구성원과는 동질성을 보여야 한다는 것은 내부적 동질성과 외부적 이질성을 의미하는 것이다.

64. 다음 기사를 읽고 문맥상 괄호 안에 들어갈 말로 가장 적절한 것은?

복리후생제도도 활용하기에 따라 직원들의 가정 돌보기 지원에 도움을 줄 수 있다. 엘지화학은 복지제도 선진화를 위해 엘지그룹 계열사 가운데 처음으로 2006년 (   )을/를 도입했다. 이 제도는 회사가 제공하는 다양한 복리후생 메뉴 가운데 일정 금액 한도 안에서 개인이 필요로 하는 항목을 선택할 수 있게 하는 복리후생제도이다. 연간 한도로 임직원들에게 일정 포인트를 제공하고, 여가·휴양, 자기계발, 건강증진, 선물 및 제품 구입 등 카테고리별로 자유롭게 활용할 수 있다. 외부의 다양한 서비스와 솔루션 제공 업체와의 연계를 통해 같은 비용으로 높은 복지혜택을 누릴 수 있는 장점도 있다. 특히 전국에 있는 콘도, 펜션, 호텔에서 자유롭게 사용할 수 있을 뿐만 아니라 사내 온라인 복지매장에 콘도, 펜션 등을 예약할 수 있는 시스템을 갖추고 있다.

① 카페테리아식 복리후생
② 보건위생제도
③ 임금피크제도
④ 고용보험제도
⑤ 국민연금제도

65. 다음 중 옵션(Option)에 대한 설명으로 틀린 것을 고르면?

① 옵션의 행사라 함은 기초자산의 시장가격이 행사가격에 비해서 유리한 경우 계약의 내용을 이행할 수 있도록 요구하는 행위를 말한다.

② 유럽형 옵션은 오로지 개시일에만 권리를 행사할 수 있는 옵션을 말한다.

③ 미국형 옵션은 만기일 이전의 어느 시기라도 권리를 행사할 수 있는 옵션을 말한다.

④ 풋 옵션은 정해진 가격으로 일정한 시점에서 기초자산을 처분할 수 있는 권리가 부여된 증권을 말한다.

⑤ 콜 옵션은 정해진 가격으로 일정한 시점에서 기초자산을 구입할 수 있는 권리가 부여된 증권을 말한다.

66. 제품의 라이프사이클이 점점 짧아지고 제조기술 등이 급변함에 따라 급증하고 있는 간접비를 합리적인 기준으로 직접비로 전환하는 것으로 투입자원이 제품이나 서비스 등으로 변환하는 과정을 명확하게 밝혀 제품 또는 서비스의 원가를 계산하는 방식은?

① Gross Margin Return On Labor
② Gross Margin Return On Selling area
③ Direct Product Profitability
④ Gross Margin Return On Inventory investment
⑤ Activity Based Costing

67. 다음 중 제4자 물류에 관한 설명으로 바르지 않은 것은?

① 앤더슨 컨설팅에 따르면 4PL은 "하주기업에게 포괄적인 공급사슬 솔루션을 제공하기 위해, 물류서비스 제공기업이 자사의 부족한 부문을 보완할 수 있는 타사의 경영자원, 능력 및 기술과 연계하여 보다 완전한 공급사슬 솔루션을 제공하는 공급사슬 통합자"라고 정의한다.

② 4PL은 공급사슬의 모든 활동과 계획 및 관리를 전담한다는 의미를 지니고 있다.

③ 4PL 성공의 핵심은 고객에게 제공되는 서비스를 극대화하는 것이라 할 수 있다.

④ 4PL은 전체적인 공급사슬에 영향을 주는 능력을 통해 가치를 증식시킨다.

⑤ 4PL은 3PL보다 범위가 좁은 공급사슬 역할을 담당한다.

68. 다음 중 채권과 주식을 비교 설명한 것으로 바르지 않은 것은?

① 자본조달형태면에서 보면 채권은 대부증권의 형태를 보이며, 주식은 출자증권의 형태를 띄게 된다.

② 경영참가 면에서 보면 채권은 참가권이 있지만, 주식은 참가권이 없다.

③ 증권의 존속기간 면에서 보면 채권은 한시적인 반면에, 주식은 영구적이다.

④ 조달원금 면에서 보면 채권은 만기 시에 원금을 상환하지만, 주식은 상환의무가 없다.

⑤ 조달자금의 면에서 보면 채권은 타인자본인 반면에, 주식은 자기자본의 성격을 띄고 있다.

69. 다음 중 판매개념에 대한 설명으로 바르지 않은 것을 고르면?

① 기업 요구를 강조하고 있다.

② 대내적이면서 기업지향성의 특성을 띄고 있다.

③ 판매 및 촉진이라는 수단을 활용한다.

④ 기존의 제품에 초점이 맞추어져 있다.

⑤ 목표는 고객의 만족을 통한 이윤의 창출에 있다.

70. 다음의 설명들 중 바르지 않은 것은?

① 지식은 앎을 바탕으로 무엇인가를 새롭게 창출하고 조직해 체계화함으로써 다시 새로운 것을 창출할 수 있는 기술과 정보까지도 포괄하는 개념이다.

② 지식경영은 기업을 둘러싼 환경이 급변함에 따라 이에 적극 대응하기 위한 지속적인 혁신과 함께 이를 가능하게 하는 지식의 중요성이 커짐에 따라 필립 코틀러에 의해 제창된 개념이다.

③ 지식과 정보의 생산, 유통, 사용, 축적은 컴퓨터와 인터넷 등 정보통신 기술의 발달이라는 물리적 기반에 기초해서 이루어진다.

④ 지식경영은 조직 전체의 문제해결 능력을 비약적으로 향상시키는 경영방식이다.

⑤ 지식경영은 조직 전체의 문제해결능력과 기업 가치를 향상시키고 기업의 경쟁력을 향상시킬 수 있다.

71. 사이먼(H. Simon)은 의사결정 대상의 성격에 따라 정형적 의사결정과 비정형적 의사결정으로 구분하고 있는데, 다음 중 비정형적인 의사결정에 대한 내용으로 보기 어려운 것은?

① 비일상적이면서 특수한 상황에 적용되는 성격을 지니고 있다.

② 주로 전략적인 의사결정의 수준을 취하고 있다.

③ 전통적인 기법에서는 직관, 판단, 경험법칙 등에 의존했으며, 현대적 기법에서는 휴리스틱 기법을 활용하고 있다.

④ 이러한 의사결정의 조직구조에서의 의사결정은 주로 하위층에서 수행하게 된다.

⑤ 이러한 의사결정의 경우 주로 비구조화되어 있고, 결정 사항 등이 비일상적이며, 복잡한 조직 등에 적용된다.

72. 다음 괄호 안에 들어갈 말을 순서대로 바르게 나열한 것은?

(㉠)은/는 직무분석자가 직무수행을 하는 종업원의 행동을 관찰한 것을 토대로 직무를 판단하는 것을 말하고, (㉡)은/는 해당 직무를 수행하는 종업원과 직무분석자가 서로 대면해서 직무정보를 취득하는 방법을 말하며, (㉢)은/는 질문지를 통해 종업원에 대한 직무정보를 취득하는 방법을 말한다.

① ㉠ 관찰법, ㉡ 워크샘플링법, ㉢ 중요사건서술법

② ㉠ 관찰법, ㉡ 작업기록법, ㉢ 질문지법

③ ㉠ 관찰법, ㉡ 중요사건서술법, ㉢ 질문지법

④ ㉠ 관찰법, ㉡ 면접법, ㉢ 질문지법

⑤ ㉠ 관찰법, ㉡ 워크샘플링법, ㉢ 질문지법

73. 다음 중 과학적 관리론과 양대 산맥으로 대비되는 인간 관계론에 대한 설명으로 바르지 않은 것은?

① 인간관계론은 맥그리거의 Y이론적 내용에 가깝다.

② 인간관계론은 직무중심이 아닌 인간중심적의 이론이다.

③ 인간관계론은 사회적 인간관을 가정하고 있는 이론이다.

④ 인간관계론은 공식적인 구조관을 지니고 있다.

⑤ 인간관계론은 인간을 감정의 존재로 인지하고 있다.

74. 어떠한 채권의 약정수익률이 20%이고, 기대수익률이 10%이다. 이 때 무위험이자율을 5%라고 할 때에 해당 채권의 위험프리미엄과 채무불이행위험프리미엄을 각각 구하면?

① 5%, 5%

② 5%, 20%

③ 5%, 10%

④ 5%, 13%

⑤ 5%, 15%

75. 기업 조직의 구성원이 어느 일정한 연령에 이르게 되면 당시의 연봉을 기준으로 해서 임금을 줄여나가는 대신에 반대급부로 지속적인 근무를 할 수 있도록 해 주는 제도를 일컫는 말은?

① 카페테리아 제도

② 임금피크제도

③ 법정 외 복리후생

④ 최저임금제도

⑤ 생활임금제도

76. 다음의 공통된 질문형태에 관련한 내용으로 가장 거리가 먼 것은 무엇인가?

> 예 당신은 강남역 묻지마 사건에 대해 어떻게 생각하시나요?
> 예 아동학대에 대한 당신의 생각은 어떠신가요?
> 예 당신은 이번 가습기 살균제 사건에 대해서 어떤 시각을 가지고 계신가요?

① 응답자들에게 충분한 자기표현의 기회를 제공해 다양한 응답의 취득이 가능하다.

② 응답의 범위가 따로 정해지지 않고 자유로운 응답이 가능하므로 이로 인한 코딩이 어려우며, 분석 또한 어렵다.

③ 주관식 질문형태이다.

④ 표본의 크기가 큰 서베이를 위해 폐쇄형 문항을 결정하기 위한 예비조사에도 활용된다.

⑤ 이분형의 질문과 선다형의 질문이 있다.

77. 아래의 사례는 시장세분화 기준 변수 중 무엇과 관련성이 가장 높은가?

> Maxwell House 커피는 제품을 전국적으로 생산, 판매하고 있으나, 맛을 지역적으로 다르게 하고 있는데, 강한 커피를 좋아하는 서부지역에는 진한 커피를 팔고, 동부지역에는 그 보다 약한 커피를 판매하고 있다.

① 인지 및 행동적 세분화

② 심리행태적 세분화

③ 산업재 구매자 시장의 세분화

④ 지리적 세분화

⑤ 인구통계적 세분화

78. 판매촉진 기간 중 판매증대를 유발하는 요인에 대한 설명 중 가장 거리가 먼 것을 고르면?

① 상표전환은 상표표준화의 증가에 따라 특정 상표에 대한 고객 충성도가 증가하면서 발생하는 현상을 의미한다.

② 재구매는 소비자의 학습과정에 의해 특정상표를 반복구매하거나 특정 점포를 반복선택하게 되는 습관을 통해 형성된다.

③ 구매가속화는 재고가 있음에도 불구하고 판매촉진 기간 중 선호하는 제품을 미리 구매하는 구매시점 앞당김 현상을 의미한다.

④ 제품군 확장은 새로운 구매상황의 창출이나 특정제품의 사용량 자체를 증대시키는 현상을 통해 달성된다.

⑤ 상표전환은 경쟁상표 간에 전환행동을 보이는 소비자의 수가 동일하지 않다는 점에서 비대칭성을 갖는다.

79. 다음 중 제조 기업이 구축하는 유통경로 중 통합적 유통경로에 대한 설명으로 가장 거리가 먼 것은?

① 제조기업의 의도대로 유통기능을 설정할 수 있으므로, 유통경로 참여자에 대한 제조기업의 통제권을 높일 수 있다.

② 제조 기업이 판매원들을 고용하고 시장 커버리지를 넓히기 위해 다수의 점포를 개설해야 하므로 유통경로 구축에 많은 투자가 필요하다.

③ 유통경로에 참여하는 유능한 중간상이 많을수록 제조 기업은 유통경로를 통합하려는 의지가 강하고, 유능한 중간상이 적을수록 의지는 약화된다.

④ 제조 기업이 판매와 영업에 있어서 독특하거나 차별적인 노하우 등과 같이 다른 기업에 누출되지 말아야 하는 "영업비밀"을 많이 보유한 경우에 통합적 유통경로가 적합하다.

⑤ 제조 기업이 규격화된 상품을 판매하는 것보다는 상품을 구매자의 요구에 맞추는 것이 중요한 경우에 통합적 유통경로가 더 적합하다.

80. 다음 중 인터넷 유통경로 목표설계 시의 고려사항으로 바르지 않은 것은?

① 전략적인 사고
② 경쟁사의 유통경로
③ 공급자의 기대 서비스 수준
④ 제품 및 시장의 특성
⑤ 기업목표 및 특성

대구도시철도공사

사무직

기출동형 모의고사

정답 및 해설

제1회 정답 및 해설

✎ 직업기초능력평가(40문항)

1 ①

'완수'가 들어가서 의미를 해치지 않는 문장은 없다. 빈칸을 완성하는 가장 적절한 단어들은 다음과 같다.

⑺, ⑽ 대처

⑷, ⑶ 수행

⑷ 대행

⑹ 대비

2 ③

③ 영희가 장갑을 이미 낀 상태인지, 장갑을 끼는 동작을 진행 중인지 의미가 확실치 않은 동사의 상적 속성에 의한 중의성의 사례가 된다.

① 수식어에 의한 중의성의 사례로, 길동이가 나이가 많은 것인지, 길동이와 을순이 모두가 나이가 많은 것인지가 확실치 않은 중의성을 포함하고 있다.

② 접속어에 의한 중의성의 사례로, '그 녀석'이 나와 함께 가서 아버지를 만난건지, 나와 아버지를 각각 만난건지, 나와 아버지 둘을 같이 만난건지가 확실치 않은 중의성을 포함하고 있다.

④ 명사구 사이 동사에 의한 중의성의 사례로, 그녀가 친구들을 보고 싶어 하는 것인지 친구들이 그녀를 보고 싶어 하는 것인지가 확실치 않은 중의성을 포함하고 있다.

⑤ 수식어에 의한 중의성의 사례로, '아끼던'의 수식을 받는 말이 그녀인지 선물인지가 확실치 않은 중의성을 포함하고 있다.

3 ①

"김춘수는 세계에 대한 허무감에서 끝내 벗어날 수 없었던 자신과 달리"에서 보듯이 김춘수는 언어유희를 활용하여 세계에 대한 허무 의식을 끝내 극복하지 못했음을 알 수 있다.

4 ①

ⓒ 기술혁신으로 고품질 A의 가격이 하락한다는 것은 좋은 제품을 저가에 구입할 수 있다는 의미이므로 소비자의 효용은 매우 클 것이다. 그러므로 사회적 후생이 감소한다고 할 수 없다.

ⓒ 소비자가 B의 가격에 대해 민감하게 반응하지 않는다는 것은 시장상황의 변화에 상관없이 B를 구입한다는 뜻이다. 따라서 B의 기능을 탑재한 C가 출시된 이후에도 B는 시장에 존재할 것이다. 이 경우 사회적 후생이 감소할 가능성은 높아지지 않는다.

5 ②

지문에서는 조세 부과 시 고려해야 하는 요건인 효율성 및 공평성을 제시하고 공평성을 편익 원칙 및 능력 원칙으로 구분하고 다시 능력 원칙을 수직적 공평 및 수평적 공평으로 구분하여 설명하고 있다.

① 두 입장에 대한 절충은 나타나 있지 않다.

③ 대상을 유사한 대상에 빗대어 소개하고 있지 않다.

④ 통념을 반박하고 있지도 않으며, 속성에 새롭게 조명하고 있지 않다.

⑤ 시간의 흐름에 의해 대상이 발달하는 과정을 서술하고 있지 않다.

6 ③

소득 재분배 효과는 능력 원칙 즉 공평성을 확보하였을 때 얻을 수 있는 것이지 효율성을 통해서 얻을 수 있는 것이 아니다. 그러므로 효율성은 공평성과 달리 소득 재분배를 목적으로 한다고 할 수 없다.

7 ②

제시 글을 통해 알 수 있는 합리적 기대이론의 의미는, 가계나 기업 등 경제주체들은 활용가능한 모든 정보를 활용해 경제상황의 변화를 합리적으로 예측한다는 것으로, 이에 따르면 공개된 금융, 재정 정책은 합리적 기대이론에 의한 경제주체들의 선제적 반응으로 무력화되고 만다. 보기 ②에서 언급된 내용은 이와 정반대로 움직이는 경제주체의 모습을 설명한 것으로, 경제주체들이 드러난 정보를 무시하고 과거의 실적치만으로 기대를 형성하는 기대오류를 범한다고 보는 견해이다.

8 ⑤

염증 생성 억제 효과를 확인한 실험을 통해 연구진은 풋 귤의 폴리페놀과 플라보노이드 함량이 감귤의 2배 이상이라고 언급하였으며, 이것은 폴리페놀과 플라보노이드가 염증 생성 물질인 일산화질소와 염증성 사이토카인을 억제한 것이라고 설명하고 있다.

9 ③

제시된 설문조사에는 광고 매체 선정에 참고할 만한 조사 내용이 포함되어 있지 않다. 따라서 ③은 이 설문조사의 목적으로 적합하지 않다.

10 ③

인천에서 모스크바까지 8시간이 걸리고, 6시간이 인천이 더 빠르므로
09 : 00시 출발 비행기를 타면 9+(8-6)=11시 도착
19 : 00시 출발 비행기를 타면 19+(8-6)=21시 도착
02 : 00시 출발 비행기를 타면 2+(8-6)=4시 도착

11 ⑤

- A가 거짓말을 하는 경우 : C의 말에 의해 E도 거짓말을 하기 때문에 조건에 맞지 않는다.
- B가 거짓말을 하는 경우 : A도 거짓말을 하기 때문에 조건에 맞지 않는다.
- C가 거짓말을 하는 경우 : A, E가 참이기 때문에 E의 진술에 의해 D도 거짓말이기 때문에 조건에 맞지 않는다.

- D가 거짓말을 하는 경우 : C의 말에 의해 E도 거짓말을 하기 때문에 조건에 맞지 않는다.

12 ③

두 번째 정보에서 테이블 1개+의자 1개=서류장 2개임을 알 수 있다.
세 번째 정보에서 두 번째 정보를 대입하면 서류장 1개=의자 2개가 되며 테이블 1개=의자 3개가 된다. 따라서 서류장 10개+의자 10개=의자 30개이며, 의자 30개=테이블 10이다.

13 ①

㉠은 [연구개요] 중 '3시간 이상 폭력물을 시청한 아동과 청소년들은 텔레비전 속에서 보이는 성인들의 폭력행위를 빠른 속도로 모방하였다.'와 같은 맥락으로 볼 수 있는 자료로, [연구결과]를 뒷받침하는 직접적인 근거가 된다.
㉡ 성인의 범죄행위 유발과 관련 자료이다.
㉢ 이미 범죄행위를 저지르고 난 후 폭력물을 시청하는 조건이다.
㉣ 텔레비전 프로그램 시청이 선행에 영향을 미침을 증명하는 자료가 아니다.
㉤ 아동과 청소년을 대상으로 한 폭력범죄가 아닌, 아동과 청소년이 일으키는 범죄행위가 초점이 되어야 한다.

14 ①

문제해결의 장애요소
㉠ 너무 일반적이거나 너무 크거나 또는 잘 정의되지 않은 문제를 다루는 경우
㉡ 문제를 정확히 분석하지 않고 곧바로 대응가능한 해결책을 찾는 경우
㉢ 잠재적 해결책을 파악할 때 중요한 의사결정 인물이나 문제에 영향을 받게되는 구성원을 참여시키지 않는 경우
㉣ 개인이나 팀이 통제할 수 있거나 영향력을 행사할 수 있는 범위를 넘어서는 문제를 다루는 경우
㉤ 창의적 해결책보다는 '즐겨 사용하는' 해결책을 적용하는 경우

ⓗ 해결책을 선택하는 타당한 이유를 마련하지 못하는 경우
ⓢ 선택한 해결책을 실행하고 평가하는 방식에 관해 적절하게 계획을 수립하지 못하는 경우

15 ②

우수한 의견을 즉석에서 판단하려는 것은 다듬어지지 않은 많은 양의 아이디어를 도출해내고자 하는 브레인스토밍에 해로운 방식이다.
① 직원들에게 부담 없이 자유롭게 의견을 개진할 수 있는 분위기를 만들어주는 바람직한 방법으로 볼 수 있다.
③ 신선하고 참신한 아이디어를 얻을 수 있고 모든 구성원을 참여시킬 수 있는 방법으로 브레인스토밍에 적절하다.
④ 브레인스토밍은 서로를 쳐다보며 동등한 위치에서 회의를 진행할 수 있는 원형 좌석배치가 적절한 방법이다.
⑤ 지나칠 수 있는 사소한 의견들이 결합되어 우수한 아이디어가 생산될 수 있으므로 모든 의견을 빠짐없이 기록하는 것은 브레인스토밍에 필요한 방법이다.

16 ③

주어진 조건에 따라 선택지의 날짜에 해당하는 당직 근무표를 정리해 보면 다음과 같다.

구분	갑	을	병	정
A	2일, 14일		8일	
B		3일		9일
C	10일		4일	
D		11일		5일
E	6일		12일	
F		7일		13일

따라서 A와 갑이 2일 날 당직 근무를 섰다면 E와 병은 12일 날 당직 근무를 서게 된다.

17 ⑤

VOC로 인해 환자 측의 불편사항 등을 접수하여 성공적으로 반영해 좋은 결과가 나오게 되면 병원은 그들과의 관계유지를 더욱 더 돈독히 할 수 있게 된다.

18 ①

〈사례2〉에서 희진은 자신의 업무에 대해 책임감을 가지고 일을 했지만 〈사례1〉에 나오는 하나는 자신의 업무에 대한 책임감이 결여되어 있다.

19 ②

② 남성과 여성이 함께 에스컬레이터나 계단을 이용하여 위로 올라갈 때는 남성이 앞에 서고 여성이 뒤에 서도록 한다.

20 ④

대화를 보면 L사원의 팔로워십이 부족함을 알 수 있다. 팔로워십은 팀의 구성원으로서의 역할을 충실하게 잘 수행하는 능력을 말한다. L사원은 헌신, 전문성, 용기, 정직, 현명함을 갖추어야 하고 리더의 결점이 있으면 올바르게 지적하되 덮어주는 아량을 갖추어야 한다.

21 ④

팀장인 K씨는 U씨에게 팀의 생산성에 영향을 미치는 내용을 상세히 설명하고 이 문제와 관련하여 해결책을 스스로 강구하도록 격려하여야 한다.

22 ④

나팀장의 팀원들은 매일 과도한 업무로 인해 스트레스가 쌓인 상태이므로 잠시 일상에서 벗어나 새롭게 기분전환을 할 수 있도록 배려해야 한다. 그러기 위해서는 조용한 숲길을 걷는다든지, 약간의 수면을 취한다든지, 사우나를 하면서 몸을 푸는 것도 좋은 방법이 될 수 있다.

23 ③

갈등해결방법의 유형

　　㉠ **회피형** : 자신과 상대방에 대한 관심이 모두 낮은
　　　경우(나도 지고 너도 지는 방법)

　　㉡ **경쟁형** : 자신에 대한 관심은 높고 상대방에 대한
　　　관심은 낮은 경우(나는 이기고 너는 지는 방법)

　　㉢ **수용형** : 자신에 대한 관심은 낮고 상대방에 대한
　　　관심은 높은 경우(나는 지고 너는 이기는 방법)

　　㉣ **타협형** : 자신에 대한 관심과 상대방에 대한 관심이
　　　중간정도인 경우(타협적으로 주고받는 방법)

　　㉤ **통합형** : 자신은 물론 상대방에 대한 관심이 모두
　　　높은 경우(나도 이기고 너도 이기는 방법)

24 ②

② 협상 상대가 협상에 대하여 책임을 질 수 있고 타
결권한을 가지고 있는 사람인지 확인하고 협상을 시
작해야 한다. 다만, 최고책임자는 협상의 세부사항을
잘 모르기 때문에 협상의 올바른 상대가 아니다.

25 ③

미래사회는 지식정보의 창출 및 유통 능력이 국가경
쟁력의 원천이 되는 정보사회로 발전할 것이다. 정보
사회는 무한한 정보를 중심으로 하는 열린사회로 정
보제공자와 정보소비자의 구분이 모호해지며 네트워
크를 통한 범세계적인 시장 형성과 경제활동이 이루
어진다. 정보통신은 이러한 미래 정보사회의 기반으로
서, 지식정보의 창출과 원활한 유통이 가능해지기 위
해서는 정보통신의 역할이 중요하다. 정보통신 기반을
활용함에 따라 정보사회의 활동 주체들은 모든 사회
경제활동을 시간·장소·대상에 구애 받지 않고 수행
할 수 있게 될 것이다.

26 ⑤

'$'는 다음에 오는 셀 기호를 고정값으로 묶어 두는 기
능을 하게 된다.

　(A) : A6 셀을 복사하여 C6 셀에 붙이게 되면, 'A'셀이
　　　고정값으로 묶여 있어 (A)에는 A6 셀과 같은 '$A$1
　　　+$A2'의 값 10이 입력된다.

　(B) : (B)에는 '$'로 묶여 있지 않은 2행의 값 대신에 4
　　　행의 값이 대응될 것이다. 따라서 '$A$1+$A4'의
　　　값인 9가 입력된다.

따라서 (A)와 (B)의 합은 10+9＝19가 된다.

27 ①

자연어 검색이란 컴퓨터를 전혀 모르는 사람이라도
대화하듯이, 일반적인 문장의 형태로 검색어를 입력하
는 방식을 말한다. 일반적인 키워드 검색과 달리 자연
어 검색은 사용자가 질문하는 문장을 분석하여 질문
의 의미 파악을 통해 정보를 찾기 때문에 훨씬 더 간
편하고 정확도 높은 답을 찾을 수 있습니다. 말하자면
단순한 키워드 검색의 경우 중복 검색이 되거나 필요
없는 정보가 더 많아서 여러 차례 해당하는 정보를
찾기 위해 불편을 감수해야 하지만 자연어 검색은 질
문의 의미에 적합한 답만을 찾아주기 때문에 더 효율
적이다.

28 ④

　㉯ '인쇄 미리 보기' 창에서 열 너비를 조정한 경우 미
　　리 보기를 해제하면 워크시트에 조정된 너비가 적
　　용되어 나타난다. (X)

　㉰ 워크시트에서 그림을 인쇄 배경으로 사용하려면
　　'삽입' – '머리글/바닥글' – 디자인 탭이 생성되면 '머
　　리글/바닥글 요소' 그룹의 '그림' 아이콘 – 시트배경
　　대화 상자에서 그림을 선택하고 '삽입'의 과정을
　　거쳐야 한다. (X)

29 ②

변화가 심한 시대에는 정보를 빨리 잡는다는 것도 상
당히 중요한 포인트가 된다. 때로는 질이나 내용보다
는 정보를 남보다 빠르게 잡는 것만으로도 앞설 수
있다. 더군다나 격동의 시대에는 빠른 정보수집이 결
정적인 효과를 가져 올 가능성이 클 것이다.

30 ①

사용자가 컴퓨터를 좀 더 쉽게 사용할 수 있도록 도와주는 소프트웨어(프로그램)를 '유틸리티 프로그램'이라고 하고 통상 줄여서 '유틸리티'라고 한다. 유틸리티 프로그램은 본격적인 응용 소프트웨어라고 하기에는 크기가 작고 기능이 단순하다는 특징을 가지고 있으며, 사용자가 컴퓨터를 사용하면서 처리하게 되는 여러 가지 작업을 의미한다.

① 고객 관리 프로그램, 자원관리 프로그램 등은 대표적인 응용 소프트웨어에 속한다.

31 ③

③ 리피터(Repeater)는 장거리 전송을 위하여 전송 신호를 재생시키거나 출력 전압을 높여주는 장치를 말하며 디지털 데이터의 감쇠 현상을 방지하기 위해 사용된다. 네트워크 계층의 연동 장치로서 최적 경로 설정에 이용되는 장치는 라우터(Router)이다.

32 ③

주어진 설명에 해당하는 파일명은 다음과 같다.

㉠ BMP

㉡ JPG(JPEG) : 사용자가 압축률을 지정해서 이미지를 압축하는 압축 기법을 사용할 수 있다.

㉢ GIF : 여러 번 압축하여도 원본과 비교해 화질의 손상이 없는 특징이 있다.

㉣ WMF

㉤ TIF(TIFF)

㉥ PNG

33 ③

직업의 일반적 의미

㉠ 직업은 경제적 보상을 받는 일이다.

㉡ 직업은 계속적으로 수행하는 일이다.

㉢ 직업은 사회적 효용이 있는 일이다.

㉣ 직업은 성인이 하는 일이다.

㉤ 직업은 자기의 의사에 따라 하는 일이다.

㉥ 직업은 노력이 소용되는 일이다.

34 ④

SERVICE의 7가지 의미

㉠ S(smile&speed) : 서비스는 미소와 함께 신속하게 하는 것

㉡ E(emotion) : 서비스는 감동을 주는 것

㉢ R(respect) : 서비스는 고객을 존중하는 것

㉣ V(value) : 서비스는 고객에게 가치를 제공하는 것

㉤ I(image) : 서비스는 고객에게 좋은 이미지를 심어주는 것

㉥ C(courtesy) : 서비스는 예의를 갖추고 정중하게 하는 것

㉦ E(excellence) : 서비스는 고객에게 탁월하게 제공되어져야 하는 것

35 ④

④ 주머니에 손을 넣고 악수를 하지 않는다.

36 ④

④는 근로윤리에 해당한다.

37 ④

소개

• 나이 어린 사람을 연장자에게 소개한다.

• 내가 속해 있는 회사의 관계자를 타 회사의 관계자에게 소개한다.

• 신참자를 고참자에게 소개한다.

• 동료임원을 고객, 손님에게 소개한다.

• 비임원을 임원에게 소개한다.

• 소개받는 사람의 별칭은 그 이름이 비즈니스에서 사용되는 것이 아니라면 사용하지 않는다.

• 반드시 성과 이름을 함께 말한다.

• 상대방이 항상 사용하는 경우라면, Dr. 또는 Ph.D. 등의 칭호를 함께 언급한다.

• 정부 고관의 직급명은 퇴직한 경우라도 항상 사용한다.

• 천천히 그리고 명확하게 말한다.

• 각각의 관심사와 최근의 성과에 대하여 간단한 언급을 한다.

38 ②

직장에서 여성의 특징을 살린 한정된 업무를 담당하던 과거와는 달리 여성과 남성이 대등한 동반자 관계로 동등한 역할과 능력발휘를 한다는 인식을 가질 필요가 있다.

39 ④

공용폴더 사용 시 데이터의 분실 및 여러 문제점이 나타날 수 있으므로 개인폴더를 만들어서 사용하도록 한다.

40 ③

직위가 아래인 사람을 직위가 높은 사람에게 먼저 소개한다.

41 ②

시계열 자료는 주가 지수의 경우처럼 매 단위 시간에 따라 측정되어 생성되는데 횡단면 자료에 비하여 상대적으로 적은 수의 변수로 구성된다.

42 ③

집중적 마케팅전략은 전체 세분시장 중에서 특정 세분시장을 목표시장으로 삼아 집중 공략하는 전략으로 해당 시장의 소비자 욕구를 보다 정확히 이해하여 그에 걸 맞는 제품과 서비스를 제공함으로서 전문화의 명성을 얻을 수 있으며, 그로 인해 생산·판매 및 촉진활동을 전문화함으로써 비용을 절감시킬 수 있다.

43 ②

지식기반 조직의 경우 구성원들로 하여금 개인의 목표 및 조직의 목표를 성취하는 데 있어 필요한 지식 및 기술을 찾아내 활용 가능하도록 보장한 조직이다.

44 ②

목표에 의한 관리는 개인과 조직의 목표를 명확히 규정함으로써 구성원의 목표를 상급자 및 조직전체의 목표와 일치하도록 하기 때문에 조직목표 달성에 효과적으로 기여한다는 것이다.

45 ①

경제적 주문량의 기본가정

• 계획기간 중 해당품목의 수요량은 항상 일정하며, 알려져 있다.
• 단위구입비용이 주문수량에 관계없이 일정하다.
• 연간 단위재고 유지비용은 수량에 관계없이 일정하다.
• 1회 주문비용이 수량에 관계없이 일정하다.
• 주문량이 일시에 입고된다.
• 조달기간(lead time)이 없거나 일정하다.
• 재고부족이 허용되지 않는다.

46 ⑤

확신성은 고객에 대한 직원들의 능력·예절·신빙성·안전성을 전달하는 능력을 나타낸다.

47 ⑤

임금은 생산량에 비례하였으며, 기계적·폐쇄적인 조직관을 지녔으며, 경제적 인간관의 가정에 기반하고 있다.

48 ③

물적유통기능은 서비스의 배송 및 보관 등을 하는 기능을 의미하며, 서비스 재고판매 및 이익 등을 위한 재무적인 위험 부담의 기능은 위험부담기능을 말한다.

※ 서비스 유통경로의 기능

• **촉진기능** : 서비스에 관한 설득력 있는 커뮤니케이션의 개발 및 확산
• **정보기능** : 마케팅 환경 조사 및 전략 등에 필요한 정보 등을 수집하고 제공
• **조합기능** : 서비스 제공에 관련한 작업으로 소비자들의 니즈가 충족되어지는 서비스의 조합을 제공
• **접촉기능** : 잠재적인 구매자를 발견하고 커뮤니케이션을 하는 기능
• **재무기능** : 유통경로 상의 업무비용의 충당을 위한 자금의 획득 및 이를 사용하는 기능
• **교섭기능** : 소유권 이전을 위한 가격, 서비스, 기타 조건 등에 동의하는 기능
• **위험부담기능** : 서비스 재고판매 및 이익 등을 위한 재무적인 위험 부담의 기능
• **물적유통기능** : 서비스의 배송 및 보관 등을 하는 기능

49 ①

포지셔닝 전략은 자사 제품의 큰 경쟁우위를 찾아내어 이를 선정된 목표시장의 소비자들의 마음속에 자사의 제품을 자리 잡게 하는 전략이다.

50 ⑤

관찰법은 행동이나 상황 등의 겉으로 드러나는 것에 대해서는 관찰이 가능하지만, 피관찰자의 생각, 느낌, 동기 등에 대해서는 관찰이 불가능하다.

51 ④

표본설계 시 고려요인

• 표본단위(Sample Unit)
• 표본크기(Sample Size)
• 표본추출절차(Sampling Procedure)
• 자료수집수단(Means Of Contact)

52 ⑤

선택적 왜곡은 일단 주의를 기울여 받아들인 정보를 자기들이 미리 갖고 있던 선입관에 맞추어 해석하는 경향을 말한다.

53 ③

투–빈 시스템은 재고수준을 지속적으로 조사할 필요가 없다는 특성이 있다.

54 ⑤

인적자원 계획으로 인해 불필요한 노동력의 감소 및 증대에 따른 통제가 용이하다.

55 ①

①번은 구성원(종업원)에 대한 이익을 설명한 것이다.

56 ②

유니언 숍(Union Shop)은 사용자의 노동자에 대한 채용은 자유롭지만, 일단 채용이 되고 나서부터는 종업원들은 일정 기간이 지난 후에는 반드시 노동조합에 가입해야만 하는 제도를 의미한다.

57 ③

어떠한 가격수준에서 차익거래가 완전하게 해소되어 초과공급 및 초과수요가 존재하지 않게 되면 이것이 곧 균형가격이다.

58 ②

수직적 마케팅 시스템의 도입배경
- 대량생산에 의한 대량판매의 요청
- 가격 안정(또는 유지)의 필요성
- 유통비용의 절감
- 경쟁자에 대한 효과적인 대응
- 기업의 상품이미지 제고
- 목표이익의 확보
- 유통경로 내에서의 지배력 획득

59 ④

표적시장의 선정 시 고려요소
- 제품수명주기
- 기업의 자원
- 경쟁자
- 시장의 동질성
- 제품의 동질성
- 소비자의 민감도
- 경쟁자의 마케팅 전략

60 ③

거래할인은 중간상이 제조업자가 일반적으로 수행해야 할 업무의 일부를 수행할 경우 이에 대한 보상으로 경비의 일부를 제조업자가 부담하는 것이다.

61 ④

보완적 평가방식은 각 상표에 있어 어떤 속성의 약점을 다른 속성의 강점에 의해 보완하여 전반적인 평가를 내리는 방식을 의미한다. 이를 계산하면 다음과 같다.
- 광어=(40×2)+(30×2)+(50×2)=240
- 우럭=(40×2)+(30×3)+(50×2)=270
- 물회=(40×1)+(30×1)+(50×2)=170
- 참치=(40×7)+(30×5)+(50×4)=630
- 오징어=(40×3)+(30×3)+(50×6)=510
그러므로 율희는 보완적 평가방식에 의해 가장 높은 값이 나온 참치회를 선택하게 된다.

62 ⑤

중립적 갈등은 경로성과에 영향을 끼치지 않는 경로갈등으로 경로구성원들 간 상호의존 정도가 상당히 높을 경우에 발생하게 된다.

63 ④

EDI는 소요시간이 단축되고 정확하며 노동력을 절감할 수 있어 기업의 업무효율을 높이는데 기여할 수 있다.

64 ②

②번은 고수익률의 저회전율 전략에 관한 설명이다.

65 ③

제3자 물류의 운영기간은 중장기적이다.

66 ③

①·②·④·⑤번은 거시적 마케팅 중 조성 기능에 관련한 내용이고, ③번은 물적 유통기능에 관한 설명이다.

67 ②

수익증권에서는 펀드에 대한 운용 및 관리에 따른 투명성이 낮다.

68 ①

PER는 해당 기업조직에 대한 시장의 신뢰도 지표로 활용이 가능하다.

69 ①

선물의 매입 및 매도 등에 있어 비용이나 수익 등은 발생하지 않게 된다.

70 ①

POS 터미널의 도입에 의해 판매원 교육 및 훈련시간이 짧아지고 입력오류를 방지할 수 있다.

71 ②

CRM(고객관계관리)은 단순히 제품을 팔기보다는 '고객과 어떠한 관계를 형성해나갈 것인가', '고객들이 어떤 것을 원하는가' 등에 주안점을 둔다.

72 ③

X이론에서는 사람이 자기중심적이고 조직요구에 무관심한 경향을 보인다.

73 ②

직무만족이 높을수록 조직시민행동이 많이 나타나게 된다.

74 ⑤

거래적 리더십은 단기적이면서 효율성과 타산에 관심을 지니고 있다.

75 ③

맥클레랜드(Mcclelland)는 인간의 모든 욕구는 학습되며 행위에 영향을 미치는 잠재력을 지닌 욕구들의 서열은 개인마다 다르다고 주장하면서 개인의 욕구 중 사회 문화적으로 습득된 욕구로서 성취욕구, 권력욕구, 친교욕구 등을 제시하였고 그 중에서도 특히 성취욕구를 강조하였다.

76 ⑤

관료제 조직관은 각 사람들의 직무를 명백한 과업으로 세분화한다.

77 ④

개인이 불공정성을 지각하면 대개 부족한 보상에 따른 불만이나 과다한 보상에 따른 부담감이나 불안감을 나타내어 불공정성을 감소시키는 방향으로 동기부여 된다.

78 ②

내부 마케팅은 기업 조직의 구성원(종사원)이 고객 지향적인 서비스 마인드의 인식 및 태도를 지닐 수 있도록 동기부여하고 이를 개발하는 것을 의미한다.

79 ②

문제의 지문은 제품수명주기 중 제품이 시장에 처음 출시되는 "도입기"에 관한 사항이다. 설령 획기적인 맥주를 개발하였더라도 연철이와 용구는 시장에서 후발주자이며 이제 막 시장진입 초기에 해당하므로 기존 선발주자들과의 경쟁을 하기 위해 과다한 유통촉진비용을 투입해야 한다.

80 ②

BPR는 기업의 활동과 업무 흐름을 분석하여 최적화하는 것으로, 반복적이고 불필요한 과정들을 제거하기 위해 업무상의 여러 단계들을 통합하고 단순화하여 재설계하는 경영혁신기법이다.

제2회 정답 및 해설

✏️ **직업기초능력평가(40문항)**

1 ②

㈎ 두 명 이상의 이름을 나열할 경우에는 맨 마지막 이름 뒤에 호칭을 붙인다는 원칙에 따라 '최한국, 조대한, 강민국 사장을 등 재계 주요 인사들은 모두 ~'로 수정해야 한다. (X)

㈏ 외국인의 이름은 현지발음을 외래어 표기법에 맞게 한글로 적고 성과 이름 사이를 띄어 쓴다는 원칙에 따라 '버락 오바마 미국 대통령의 임기는 ~'으로 수정해야 한다. (X)

㈐ 중국 지명이므로 현지음을 한글로 외래어 표기법에 맞게 쓰고 괄호 안에 한자를 써야한다는 원칙에 따라, '절강성(浙江省) 온주(溫州)'로 수정해야 한다. (X)

㈑ 국제기구나 외국 단체의 경우 처음에는 한글 명칭과 괄호 안에 영문 약어 표기를 쓴 다음 두 번째부터는 영문 약어만 표기한다는 원칙에 따른 올바른 표기이다. (O)

2 ②

'컨스터블의 그림은 당시 풍경화의 주요 구매자였던 영국 귀향의 취향에서 어긋나 그다지 인기를 끌지 못했다. 당시 유행하던 픽처레스크 풍경화는 도식적이고 이상화된 풍경 묘사에 치중했지만, 컨스터블의 그림은 평범한 시골의 전원 풍경을 사실적으로 묘사한 것처럼 보인다에서 알 수 있듯이 사실적 화풍으로 제작되어 당시 영국 귀족들에게 선호되지 못했다는 것을 유추할 수 있다.

3 ④

모네는 인상주의 화가로서 대상의 고유한 색은 존재하지 않는다고 생각했다. 그러므로 모네가 고유한 색을 표현하려 했다는 진술은 적절하지 않다.

4 ①

② 대상에 대해 복잡한 형태로 추상화하여 대상에 대한 전체적인 느낌을 부각하는 방법을 시도한 것은 세잔의 화풍이 아니므로 적절하지 않다.

③ 사물에 대해 최대한 정확히 묘사하기 위해 전통적 원근법을 독창적 방식으로 변용한 것은 세잔의 화풍이 아니므로 이 역시 적절하지 않다.

④ 시시각각 달라지는 자연을 관찰 및 분석해 대상에 대한 인상을 그려 내는 화풍을 정립한 것은 세잔이 아니므로 적절하지 않다.

⑤ 지각되는 세계를 있는 그대로 표현하기 위해 사물을 해체하여 이를 재구성하는 기법을 창안한 사람은 세잔이 아니므로 이 역시 적절하지 않다.

5 ③

㈐의 내용은 농어촌 특성에 적합한 고령자에 대한 복지서비스를 제공하는 모습을 설명하고 있다.

6 ①

언어의 기능

㉠ **표현적 기능** : 말하는 사람의 감정이나 태도를 나타내는 기능이다. 언어의 개념적 의미보다는 감정적인 의미가 중시된다. →[예 : 느낌, 놀람 등 감탄의 말이나 욕설, 희로애락의 감정표현, 폭언 등]

㉡ **정보전달기능** : 말하는 사람이 알고 있는 사실이나 지식, 정보를 상대방에게 알려 주기 위해 사용하는 기능이다. →[예 : 설명, 신문기사, 광고 등]

㉢ **사교적 기능(친교적 기능)** : 상대방과 친교를 확보하거나 확인하여 서로 의사소통의 통로를 열어 놓아 주는 기능이다. →[예 : 인사말, 취임사. 고별사 등]

㉣ **미적 기능** : 언어 예술작품에 사용되는 것으로 언어를 통해 미적인 가치를 추구하는 기능이다. 이 경우에는 감정적 의미만이 아니라 개념적 의미도 아주 중시된다. →[예 : 시에 사용되는 언어]

ⓔ **지령적 기능(감화적 기능)** : 말하는 사람이 상대방에게 지시를 하여 특정 행위를 하게 하거나, 하지 않도록 함으로써 자신의 목적을 달성하려는 기능이다. →[예 : 법률, 각종 규칙, 단체협약, 명령, 요청, 광고문 등의 언어]

7 ④

제시된 글은 누구나 쉽게 정보를 생산하고 공유할 수 있는 소셜미디어의 장점이 부각된 기사로 ①②③⑤의 보기들은 사례 내용과 관련이 없다.

8 ④

A는 은하와 은하가 멀어질 때 그 사이에서 물질이 연속적으로 생성되어 새로운 은하들이 계속 형성되기 때문에, 우주가 팽창하지만 전체적으로 항상성을 유지하며 평균 밀도가 일정하게 유지된다고 보고 있다.

9 ⑤

은디젤 발전은 내연력을 통한 발전이므로 친환경과 지속가능한 에너지 정책을 위한 발전 형태로 볼 수 없다. 오히려 디젤 발전을 줄여 신재생에너지원을 활용한 전력 생산 및 공급 방식이 에너지 신산업 정책에 부합한다고 볼 수 있다.

10 ③

ⓓ의 대우 명제 '가돌이를 좋아하는 사람이 있으면 마돌이가 가돌이를 좋아한다'가 되므로 마돌이는 가돌이가 좋아할 가능성이 있는 사람이다. 따라서 가돌이가 마돌이를 좋아하므로 라돌이는 가돌이를 좋아하지 않는다(ⓖ). ⓜ에 의해 다돌이는 라돌이를 좋아하지 않는다. ⓒ의 대우 명제 '라돌이가 다돌이를 싫어하고 가돌이가 라돌이를 싫어하면 바돌이가 가돌이를 싫어한다'가 되며 전제(라돌이가 다돌이를 싫어함, 가돌이가 라돌이를 싫어함)가 모두 참이므로 바돌이는 가돌이를 싫어한다. ⓗ의 대우 명제 '가돌이가 누군가를 좋아하면 가돌이와 나돌이가 서로 좋아하거나 가돌이가 다돌이를 좋아한다'와 ⓛ의 명제를 통해 나돌이와 다돌이도 가돌이가 좋아할 가능성이 있는 사람이다. 따라서 가돌이가 좋아할 가능성이 있는 사람은 나돌, 다돌, 마돌이다.

11 ②

A가 파티에 참석할 시 C와 F도 참석하며, C가 참석하는 경우는 B도 참석해야 한다. A는 B가 참석하면 파티에 참석하지 않는다고 했으므로 원칙에 성립되지 않는다. 따라서 A가 참석하지 않을 수 있는 경우는 B와 C만 참석하는 경우이므로 최대인원은 2명이 된다.

12 ①

문제처리능력이란 목표와 현상을 분석하고 이 분석결과를 토대로 문제를 도출하여 최적의 해결책을 찾아 실행, 평가 처리해 나가는 일련의 활동을 수행하는 능력이라 할 수 있다. 이러한 문제처리능력은 문제해결절차를 의미하는 것으로, 일반적인 문제해결절차는 문제 인식, 문제 도출, 원인 분석, 해결안 개발, 실행 및 평가의 5단계를 따른다.
① 주어진 〈보기〉의 ㈎~㈐의 내용은 문제해결절차 5단계를 역순으로 제시해 놓았다.

13 ②

① 재원의 확보계획은 기본계획에 포함되어야 한다.
③ 환경부장관은 국가 폐기물을 적정하게 관리하기 위하여 10년마다 종합계획을 수립하여야 한다.
④ 시장·군수·구청장은 10년마다 관할 구역의 기본계획을 세워 도지사에게 제출하여야 한다.
⑤ 환경부장관은 종합계획을 세운 날부터 5년이 지나면 그 타당성을 재검토하여 변경할 수 있다.

14 ③

① A 단체는 자유무역협정을 체결한 필리핀에 드라마 콘텐츠를 수출하고 있지만 올림픽과 관련된 사업은 하지 않는다. 최종 선정 시 올림픽 관련 단체를 엔터테인먼트 사업 단체보다 우선하므로 B, C와 같이 최종 후보가 된다면 A는 선정될 수 없다.

② 올림픽의 개막식 행사를 주관하는 모든 단체는 이미 보건복지부로부터 지원을 받고 있다. B 단체는 올림픽의 개막식 행사를 주관하는 단체이다. →B 단체는 선정될 수 없다.

③ A와 C 단체 중 적어도 한 단체가 최종 후보가 되지 못한다면, 대신 B와 E 중 적어도한 단체는 최종 후보가 된다. ②⑤를 통해 B, E 단체를 후보가 될 수 없다. 후보는 A와 C가 된다.

④ D가 최종 후보가 된다면, 한국과 자유무역협정을 체결한 국가와 교역을 하는 단체는 모두 최종 후보가 될 수 없다. D가 최종 후보가 되면 A가 될 수 없고 A가 된다면 D는 될 수 없다.

⑤ 후보 단체들 중 가장 적은 부가가치를 창출한 단체는 최종 후보가 될 수 없고, 한국 음식문화 보급과 관련된 단체의 부가가치 창출이 가장 저조하였다. E 단체는 오랫동안 한국 음식문화를 세계에 보급해 온 단체이다. →E 단체는 선정될 수 없다.

15 ①

세 사람은 모두 각기 다른 동에 사무실이 있으며, 어제 갔던 식당도 서로 겹치지 않는다.

- 세 번째 조건 후단에서 갑동이와 을순이는 어제 11동 식당에 가지 않았다고 하였으므로, 어제 11동 식당에 간 것은 병호이다. 따라서 병호는 12동에 근무하며 11동 식당에 갔었다.
- 네 번째 조건에 따라 을순이는 11동에 근무하므로, 남은 갑동이는 10동에 근무한다.
- 두 번째 조건 전단에 따라 을순이가 10동 식당에, 갑동이가 12동 식당을 간 것이 된다.

따라서 을순이는 11동에 사무실이 있으며, 어제 갔던 식당은 10동에 위치해 있다.

16 ②

갑, 을, 병의 진술과 과음을 한 직원의 수를 기준으로 표를 만들어 보면 다음과 같다.

진술자 \ 과음직원	0명	1명	2명	3명
갑	거짓	참	거짓	거짓
을	거짓	거짓	참	거짓
병	거짓	참	참	거짓

- 과음을 한 직원의 수가 0명인 경우, 갑, 을, 병 모두 거짓을 말한 것이 되어 결국 모두 과음을 한 것이 된다. 따라서 이 경우는 과음을 한 직원의 수가 0명이라는 전제와 모순이 생기게 된다.
- 과음을 한 직원의 수가 1명인 경우, 을만 거짓을 말한 것이므로 과음을 한 직원의 수가 1명이라는 전제에 부합한다. 이 경우에는 을이 과음을 한 것이 되며, 갑과 병은 과음을 하지 않은 것이 된다.
- 과음을 한 직원의 수가 2명인 경우, 갑만 거짓을 말한 것이 되므로 과음을 한 직원의 수가 1명이 된다. 따라서 이 역시 과음을 한 직원의 수가 2명이라는 전제와 모순이 생기게 된다.
- 과음을 한 직원의 수가 3명인 경우, 갑, 을, 병 모두 거짓을 말한 것이 되어 과음을 한 직원의 수가 3명이 될 것이며, 이는 전제와 부합하게 된다.

따라서 4가지의 경우 중 모순 없이 발생 가능한 경우는 과음을 한 직원의 수가 1명 또는 3명인 경우가 되는데, 이 두 경우에 모두 거짓을 말한 을은 과음을 한 직원이라고 확신할 수 있다. 그러나 이 두 경우에 모두 사실을 말한 사람은 없으므로, 과음을 하지 않은 것이 확실한 직원은 아무도 없다.

17 ②

현재 동신과 명섭의 팀에게 가장 필요한 능력은 팀워크능력이다.

18 ②

위의 사례에서 불만고객에 대한 대처가 늦어지고 그로 인해 항의가 잇따르고 있는 이유는 사소한 일조차 상부에 보고해 그 지시를 기다렸다가 해결하는 업무 체계에 있다. 따라서 오 부장은 어느 정도의 권한과 책임을 매장 직원들에게 위임하여 그들이 현장에서 바로 문제를 해결할 수 있도록 도와주어야 한다.

19 ④

M과 K 사이의 갈등이 있음을 발견하게 되었으므로 즉각적으로 개입하여 중재를 하고 이를 해결하는 것이 리더의 대처방법이다.

20 ①

위의 상황은 엄 팀장이 팀원인 문식이에게 코칭을 하고 있는 상황이다. 따라서 코칭을 할 때 주의해야 할 점으로 옳지 않은 것을 고르면 된다.

① 지나치게 많은 정보와 지시로 직원들을 압도해서는 안 된다.

※ 코칭을 할 때 주의해야 할 점

ⓐ 시간을 명확히 알린다.

ⓑ 목표를 확실히 밝힌다.

ⓒ 핵심적인 질문으로 효과를 높인다.

ⓓ 적극적으로 경청한다.

ⓔ 반응을 이해하고 인정한다.

ⓕ 직원 스스로 해결책을 찾도록 유도한다.

ⓖ 코칭과정을 반복한다.

ⓗ 인정할 만한 일은 확실히 인정한다.

ⓘ 결과에 대한 후속 작업에 집중한다.

21 ④

④ 구성원으로 하여금 집단에 머물도록 만들고, 그 집단에 계속 남아 있기를 원하게 만드는 힘은 응집력이다.

22 ④

④ 갈등해결방법 모색 시에는 논쟁하고 싶은 유혹을 떨쳐내고 타협하려 애써야 한다.

23 ③

고객 불만 처리 프로세스

경청 → 감사와 공감표시 → 사과 → 해결약속 → 정보파악 → 신속처리 → 처리확인과 사과 → 피드백

24 ①

역지사지(易地思之)는 타인을 비난하거나 또는 강요하기 전에 자기 자신을 먼저 낮추고 상대의 마음을 헤아리는 모습을 보여주는데, 이렇듯 상대에 대한 따뜻한 배려는 상대방의 마음을 열게 하고 내 편으로 만들 가능성이 높아지는 것을 의미한다.

25 ⑤

(나) 휴지통 내에 보관된 파일은 직접 사용할 수 없으며, 원래의 저장 위치로 복원한 다음 원래의 위치에서 실행이 가능하다.

26 ①

각국의 해외여행 시 지참해야 할 물품이 기록된 자료는 향후에도 유용하게 쓸 수 있는 정보이므로 바로 버려도 되는 동적정보로 볼 수 없다. 나머지 선택지에 제시된 정보들은 모두 1회성이거나 단기에 그 효용이 끝나게 되므로 동적정보이다.

※ 신문이나 텔레비전의 뉴스는 상황변화에 따라 수시로 변하기 때문에 동적정보이다. 반면에 잡지나 책에 들어있는 정보는 정적정보이다. CD-ROM이나 비디오테이프 등에 수록되어 있는 영상정보도 일정한 형태로 보존되어 언제든지 동일한 상태로 재생할 수 있기 때문에 정적정보로 간주할 수 있다.

27 ④

대학은 Academy의 약어를 활용한 'ac.kr'을 도메인으로 사용한다. 주어진 도메인 외에도 다음과 같은 것들을 참고할 수 있다.

ⓐ co.kr – 기업/상업기관(Commercial)

ⓑ ne.kr – 네트워크(Network)

ⓒ or.kr – 비영리기관(Organization)

ⓓ go.kr – 정부기관(Government)

ⓔ hs.kr – 고등학교(High school)

ⓕ ms.kr – 중학교(Middle school)

ⓖ es.kr – 초등학교(Elementary school)

28 ①

• RFID : IC칩과 무선을 통해 식품·동물·사물 등 다양한 개체의 정보를 관리할 수 있는 인식 기술을 지칭한다. '전자태그' 혹은 '스마트 태그', '전자 라벨', '무선식별' 등으로 불린다. 이를 기업의 제품에 활용할 경우 생산에서 판매에 이르는 전 과정의 정보를 초소형 칩(IC칩)에 내장시켜 이를 무선주파수로 추적할 수 있다.

- **유비쿼터스** : 유비쿼터스는 '언제 어디에나 존재한다.'는 뜻의 라틴어로, 사용자가 컴퓨터나 네트워크를 의식하지 않고 장소에 상관없이 자유롭게 네트워크에 접속할 수 있는 환경을 말한다.
- **VoIP** : VoIP(Voice over Internet Protocol)는 IP 주소를 사용하는 네트워크를 통해 음성을 디지털 패킷(데이터 전송의 최소 단위)으로 변환하고 전송하는 기술이다. 다른 말로 인터넷전화라고 부르며, 'IP 텔레포니' 혹은 '인터넷 텔레포니'라고도 한다.

29 ①

②③ 현재 통합문서를 닫는 기능이다.
④ 새 통합문서를 만드는 기능이다.
⑤ 작성한 문서를 인쇄하는 기능이다.

30 ③

적시성과 독점성은 정보의 핵심적인 특성이다. 따라서 정보는 우리가 원하는 시간에 제공되어야 하며, 원하는 시간에 제공되지 못하는 정보는 정보로서의 가치가 없어지게 될 것이다. 또한 정보는 아무리 중요한 내용이라도 공개가 되고 나면 그 가치가 급격하게 떨어지는 것이 보통이다. 따라서 정보는 공개 정보보다는 반공개 정보가, 반공개 정보보다는 비공개 정보가 더 큰 가치를 가질 수 있다. 그러나 비공개 정보는 정보의 활용이라는 면에서 경제성이 떨어지고, 공개 정보는 경쟁성이 떨어지게 된다. 따라서 정보는 공개 정보와 비공개 정보를 적절히 구성함으로써 경제성과 경쟁성을 동시에 추구해야 한다.

31 ④

④ 상용 소프트웨어는 정해진 금액을 지불하고 정식으로 사용하는 프로그램이다. 한편, 사용 기간의 제한 없이 무료 사용과 배포가 가능한 프로그램은 공개 소프트웨어라고 한다.

32 ⑤

제시된 내용은 URL에 대한 설명이다. 방대한 컴퓨터 네트워크에서 자신이 원하는 정보 자원을 찾기 위해서는 해당 정보 자원의 위치와 종류를 정확히 파악할 필요가 있는데, 이를 나타내는 일련의 규칙을 URL(Uniform Resource Locator : 자원 위치 지정자)이라고 한다. URL에는 컴퓨터 네트워크 상에 퍼져있는 특정 정보 자원의 종류와 위치가 기록되어 있다.

33 ③

③ 좋은 결과를 위해 들이는 단기간의 노력은 성실함과는 거리가 멀다.

34 ③

③ 말을 할 때는 상대방의 이름을 함께 사용한다.

35 ③

직장은 성예절에 어긋나는 행동에 대해 도움을 요청받았을 시 개인 정보의 유출을 철저히 방지해야 한다.
①②⑤ 개인적 대응, ④ 직장의 대응

36 ①

명함 교환
- 명함은 반드시 명함 지갑에서 꺼내고 상대방에게 받은 명함도 명함 지갑에 넣는다.
- 상대방에게서 명함을 받으면 받은 즉시 호주머니에 넣지 않는다.
- 명함은 하위에 있는 사람이 먼저 꺼내는데 상위자에 대해서는 왼손으로 가볍게 받쳐 내는 것이 예의이며, 동위자, 하위자에게는 오른손으로만 쥐고 건넨다.
- 명함을 받으면 그대로 집어넣지 말고 명함에 관해서 한두 마디 대화를 건네 본다.
- 쌍방이 동시에 명함을 꺼낼 때는 왼손으로 서로 교환하고 오른손으로 옮겨진다.

37 ⑤

상제에게 맞절을 하고 위로의 인사말을 한다. 이때 절은 상제가 먼저 시작하고 늦게 일어나야 한다.

38 ②

회의는 여러 사람들이 의견을 내고 동의를 구하는 자리이므로 스스로의 의견이나 주장만을 맹목적으로 고집해서는 안 된다.

39 ②

소매가 넓은 예복을 입었을 시에는 공수한 팔의 소매자락이 수평이 되게 올리고 평상복을 입었을 때는 공수한 손의 엄지가 배꼽 부위 위에 닿도록 자연스럽게 앞으로 내린다.

40 ④

홍보, 광고성의 메일을 불특정 다수인들에게 동시에 보내면 시간적인 면에서 효율적이 될 수가 없을 뿐더러 오히려 불특정 다수인들로부터 자사에 대한 좋지 않는 이미지를 갖게 하는 계기가 될 수 있으므로 주의해야 한다.

✏️ **경영학개론(40문항)**

41 ②

ULS(Unit Load System ; 유닛로드시스템)는 화물의 유통 활동에 있어 하역·수송·보관 등의 전반적인 비용절감을 위해, 출발지에서부터 도착지까지의 중간 하역작업 등이 없이 일정한 방법으로 수송·보관하는 시스템을 의미한다.

42 ②

포드 시스템은 고임금 저가격의 원리를 지향하였다.

43 ④

시장의 범위를 확대시키는 것이기 때문에 시장이 확대되면 될수록 이들에게 제품을 공급하게 되는 중간상(도매상 및 소매상)들에 대한 통제는 상당히 어려워지게 된다.

44 ②

상호, 상표 등의 노하우를 가진 자를 프랜차이저(Franchisor)라고 하는데 우리말로는 본부, 본사로 표현되고, 이러한 프랜차이저로부터 상호의 사용권, 제품의 판매권, 기술, 상권분석, 점포 디스플레이, 관계자훈련 및 교육지도 등을 제공받는 자를 프랜차이지(Franchisee)라고 하는데 이는 일반적으로 가맹점이라 표현된다.

45 ③

광고는 비용을 지불하고 자사에게 광고할 상품에 대해 유리하게 구성할 수 있고 실험, 결과 등의 조작이 가능하므로 소비자들의 입장에서 보게 되면 신뢰도가 떨어질 수밖에 없는 결과를 초래하게 된다.

46 ④

소비자 입장에서는 판매자 간의 경쟁으로 인한 가격의 인하로 저렴하게 상품을 구매할 수 있다.

47 ②

의사결정지원 시스템에서 제시하는 대안이 문제해결의 답이 아니라 보조적인 지식일 수도 있고, 또 답안을 제시하더라도 문제의 해답이 아닐 수 있다.

48 ⑤

피터 드러커가 말한 지식근로자의 특징
- 평생학습의 정신
- 풍부한 지적 재산
- 투철한 기업가의 정신
- 강한 창의성
- 비관료적인 유연성

49 ②

조직문화는 개인의 이익보다 더 큰 무엇에 대해 몰입을 유발하고 촉진한다.

50 ③

아웃소싱 전략은 한정된 자원을 가장 핵심사업 분야에 집중시키고, 나머지 부문은 외부 전문기업에 위탁하여 효율을 극대화하려는 전략을 말하며, 고객에 대한 낮은 충성도, 이직률의 상승이라는 문제점을 지니고 있다.

51 ④

④ 자산수익률의 확률분포는 정규분포이다.

52 ③

호손실험에서는 조직 내에서 구성원들의 사회·심리적 욕구를 채워줌으로써 조직의 생산성이 증대된다는 인식을 갖게 하는 계기가 되었으며, 이는 민주적 리더십을 강조한 메이요 교수의 호손실험과도 일맥상통하는 내용이다.

53 ④

제품수명주기는 Introduction Stage(도입기) → Growth Stage(성장기) → Maturity Stage(성숙기) → Decline Stage(쇠퇴기)의 순서로 이루어진다.

54 ⑤

독립수요품목의 용도는 주로 유통이다.

55 ⑤

노동조합은 사용자와 노동자 간의 지배관계를 상하관계가 아닌 대등관계로 변화시키는 역할을 수행한다.

56 ②

채권은 대부분이 장기증권이다.

57 ①

확장제품은 물리적 형태의 제품(유형제품)에서 해당 제품이 소비자들에게 제공하는 효익(핵심제품)이 있으며, 해당 제품이 제공하는 편익에서 파생 되어지는 효용가치(확장제품)를 증가시키는 일종의 부가서비스 차원의 제품을 의미한다.

58 ②

델파이법은 생산예측의 방법 중에서 정성적 방법에 해당한다.

59 ②

막스 베버의 관료제는 안정적이면서도 명확한 권한계층이 이루어진다.

60 ①

보호성 또는 보전성은 제품의 생산에서부터 폐기되기까지 수송·보관·하역·보관 중에, 제품을 비나 눈, 충격, 해충, 미생물 등의 장애로부터 보호하기 위해 제품의 화학적·생물적·물리적 성격을 파악하여 보호하는 기능을 의미한다.

61 ③

프로젝트 조직은 혁신적이면서 비일상적인 과제의 해결을 위해 형성되는 동태적 조직이다.

62 ④

CRM은 다수의 직원들이 최적화된 정보를 공유하고 기존의 처리절차를 간소화함으로써, 통신판매·회계 및 판매관리 등을 개선하기 위한 조직을 지원한다.

63 ④

위험의 측정에서 표준편차 혹은 분산을 위험의 척도로 활용할 수 있다.

64 ④

포트폴리오의 구성 목적은 분산투자를 통해 투자에 따르는 리스크를 최소화시키는 데 있다.

65 ③

인간관계론은 기업 조직의 외부적 환경 요소를 배제하였다.

66 ③

촉진관리과정
표적청중의 확인 → 목표의 설정 → 메시지의 결정 → → 매체의 선정 → 촉진예산의 설정 → 촉진믹스의 결정 → 촉진효과의 측정

67 ③

①, ②, ④, ⑤는 노동자 측면에서의 쟁의행위에 속하며, ③은 사용자 측면의 쟁의행위에 속한다.

68 ⑤

오픈 숍(Open Shop)은 사용자가 노동조합에 가입한 조합원 말고도 비조합원도 자유롭게 채용할 수 있도록 하는 제도를 의미한다.

69 ②

관찰법에서는 태도, 동기 등과 같은 심리적 현상은 관찰할 수 없다.

70 ①

완전자본시장에서는 거래비용이 없다.

71 ②

유통경로는 비탄력적이면서 외부자원이다. 제품, 가격, 촉진 믹스 등은 시장의 상황에 의해 수정하기가 상대적으로 수월하지만 유통경로의 경우에는 구축하기도 힘들며, 구축한 후 변경하려면 많은 시간 및 자본 등이 소요된다.

72 ③

리더는 공식, 비공식 조직 어떤 조직이나 모두 존재한다.

73 ⑤

동기부여는 조직 구성원들이 적극적이고, 능동적으로 업무를 수행하게 함으로써 자아실현을 할 수 있는 기회를 부여하는 역할을 한다.

74 ③

무위험자산의 시장이 균형 상태에 이르게 되었을 때, 무위험자산 시장 전체의 순차입액 및 순대여액은 0이 된다.

75 ⑤

수단성이란 1차 산출물이 2차 산출물을 유도할 것이라는 신념의 정도를 의미한다.

76 ⑤

ERG이론은 욕구개념에 기반을 두고 있는 동기부여이론으로 가장 타당성이 있다는 평가를 듣고 있는 이론이다.

77 ⑤

①②③④는 물류관리의 역할 중 국민경제적 측면에서 설명한 것이고, ⑤는 개별 기업의 측면에서 설명하고 있다.

78 ②

구매자의 의사결정 과정은 욕구인식 → 정보탐색 → 대안평가 → 구매결정 → 구매 후 행동의 단계를 거치게 된다. 여기서 대안평가의 기준은 개인에 따라, 제품에 따라 그리고 상황에 따라 달라지게 된다. 통상적으로 보면 소비자는 구매할 대안을 자신의 경험이나 학습 등을 통해서 얻은 신념과 태도에 의해 결정하는 경우가 많다.
② 욕구가 발생되는 소비자는 관련되는 정보를 탐색한 후 대안을 평가한다. 대안평가기준은 주로 개인적, 경험적 원천으로부터 제공받는다.

79 ④

기존 데이터는 시간에 대해서 정적인 데이터인 반면에 빅 데이터는 시간의 흐름에 따라 계속적으로 쌓이면서 변화하는 동적인 데이터이다.

80 ③

인력을 채용하게 되면 인건비가 차지하는 비중이 상당히 높다. 그러므로 높은 비용을 발생시키게 된다.

제3회 정답 및 해설

✏️ **직업기초능력평가(40문항)**

1 ③

'깨진 유리창의 법칙'은 깨진 유리창처럼 사소한 것들을 수리하지 않고 방치해두면, 나중에는 큰 범죄로 이어진다는 범죄 심리학 이론으로, 작은 일을 소홀히 관리하면 나중에는 큰일로 이어질 수 있음을 의미한다.

2 ⑤

전기차의 시장침투가 제약을 받게 되는 원인이 빈칸에 들어갈 가장 적절한 말이 될 것이며, 이것은 전후의 맥락으로 보아 기존의 내연기관차와의 비교를 통하여 파악되어야 할 것이다. 따라서 '단순히 전기차가 주관적으로 불편하다는 이유가 아닌 기존 내연기관차에 비해 더 불편한 점이 있을 경우'에 해당하는 말이 위치해야 한다.

3 ④

㉠ A는 낭포성 유전자를 지니고 있는 '쥐'를 이용한 실험을 통해 낭포성 유전자를 가진 '사람' 역시 콜레라로부터 보호받을 것이라는 결론을 내렸다. 이는 쥐에서 나타나는 질병 양상은 사람에게도 유사하게 적용된다는 것을 전제로 한다.

㉢ A는 실험에서 '콜레라 균'에 감염을 시키는 대신에 '콜레라 독소'를 주입하였다. 이는 콜레라 독소의 주입이 콜레라균에 의한 감염과 같은 증상을 유발함을 전제로 한다.

㉣ 만약 낭포성 섬유증 유전자를 가진 모든 사람이 낭포섬 섬유증으로 인하여 청년기 전에 사망한다면 '살아남았다'고 할 수 없을 것이다. 따라서 '낭포성 섬유증 유전자를 가진 모든 사람이 이로 인하여 청년기 전에 사망하는 것은 아니다'라는 전제가 필요하다.

4 ③

①④ 주차대행 서비스가 유료이다.
② 장애인 차량은 장애인증 확인 후 일반주차요금의 50%가 할인된다.
⑤ 둘 다 무료로 이용할 수 없는 서비스가 아니다.

5 ④

Fast Track 이용 가능한 교통약자는 보행장애인, 7세 미만 유소아, 80세 이상 고령자, 임산부, 동반여객 2인이다.

6 ④

무어는 옳은 행동을 판별할 기준을 제시할 수 없다고 보는 것이 아닌 선을 최대로 산출하는 행동이 도덕적으로 옳은 행동이라고 보았다고 말하고 있다.

7 ②

전통적인 진리관에서 진술의 내용이 사실과 일치할 때 진리라고 본다. 비록 경험을 통해 얻은 과학적 지식이라 하더라도 그것이 진리인지의 여부는 확인할 수 없다는 것이 흄의 입장이다 라는 내용을 통해 보았을 때 전통적 진리관에서 진술 내용과 사실이 일치할 경우를 진리로 본다는 것을 알 수 있다. 진리 여부를 판단하는 것이 불가능하다고 본 입장은 전통적 진리관이 아닌 흄의 입장에 해당한다.

8 ③

실질 GDP는 기준연도의 가격을 근거로 한 불변가격 GDP이므로 실질 GDP가 변하는 요인은 가격이 아닌 물량의 변동에 따른 것이다.

9 ①

② 흑수부는 백산부의 북서쪽에 있다.

③ 백산부는 불열부의 남쪽에 있다.

④ 안차골부는 속말부의 동북쪽에 있다.

⑤ 안차골부는 고구려에 인접해 있지 않다.

10 ④

- 甲은 상반기에 무료영화 혜택을 모두 사용하였으므로, 1~6월 동안 마바 시네마를 이용하여 어머니의 티켓을 구매하는 것이 가장 저렴하다. : $10,500 \times 6 = 63,000$원

- 또한 1~6월 동안 2회 더 영화를 관람했으므로 가나 시네마, 마바 시네마 이용 시 두 사람은 총 2,000원의 할인 혜택을 받을 수 있다. : $(12,500 + 12,500 - 2,000) \times 2 = 46,000$원

- 하반기에는 총 5회 영화를 관람하였고 다라 시네마를 이용해 3,000원의 할인 혜택을 받을 수 있다. : $(12,500 + 12,500 - 3000) \times 5 = 110,000$

11 ③

내규에 따르면 뇌물로 인정되기 위해서는 그것이 직무에 관한 것이어야 하는데, '직무'란 임직원 또는 중재인의 권한에 속하는 직무행위 그 자체뿐만 아니라 직무와 밀접한 관계가 있는 행위를 말한다. C의 경우 홍보부 가짜뉴스 대응팀 직원이므로 외국인 산업연수생에 대한 관리업체 선정은 C의 권한에 속하는 직무행위이거나 직무와 밀접한 관계에 있는 행위라고 볼 수 없으므로 뇌물에 관한 죄에 해당하지 않는다.

12 ③

제시된 내용은 저출산 문제의 심각성을 설문조사를 통해 나타내고 있다.

13 ⑤

문제를 해결하기 위해서는 다음과 같은 5단계를 거치게 되는 것이 일반적이다.

- **문제 인식** : 해결해야 할 전체 문제를 파악하여 우선순위를 정하고, 선정문제에 대한 목표를 명확히 하는 단계

- **문제 도출** : 선정된 문제를 분석하여 해결해야 할 것이 무엇인지를 명확히 하는 단계

- **원인 분석** : 파악된 핵심문제에 대한 분석을 통해 근본 원인을 도출하는 단계

- **해결안 개발** : 문제로부터 도출된 근본원인을 효과적으로 해결할 수 있는 최적의 해결방안을 수립하는 단계

- **실행 및 평가** : 해결안 개발을 통해 만들어진 실행계획을 실제 상황에 적용하는 활동으로 당초 장애가 되는 문제의 원인들을 해결안을 사용하여 제거하는 단계

따라서 보기 ⑤와 같이 해결할 문제가 무엇인지를 확인하고 甲과 B사에 대한 대응의 목표를 명확히 수립하는 것이 최우선 되어야 할 일이라고 할 수 있다.

① 실행 및 평가의 단계에 해당된다.

② 해결안 개발의 단계에 해당된다.

③ 원인 분석의 단계에 해당된다.

14 ③

문제의 내용과 조건의 내용에서 알 수 있는 것은 다음과 같다.

- 5층과 1층에서는 적어도 1명이 내렸다.

- 4층에서는 2명이 내렸다. → 2층 또는 3층 중 아무도 내리지 않은 층이 한 개 있다.

그런데 네 번째 조건에 따라 을은 1층에서 내리지 않았고, 두 번째 조건에 따라 을이 내리기 직전 층에서는 아무도 내리지 않아야 하므로, 을은 2층에서 내렸고 3층에서는 아무도 내리지 않은 것이 된다(∵ 2층 또는 3층 중 아무도 내리지 않은 층이 한 개 있으므로)

또한 무는 정의 바로 다음 층에서 내렸다는 세 번째 조건에 따르면, 정이 5층에서 내리고 무가 4층에서 내린 것이 된다.

네 번째 조건에서 갑은 1층에서 내리지 않았다고 하였으므로, 2명이 함께 내린 층인 4층에서 무와 함께 내린 것이고, 결국 1층에서 내릴 수 있는 사람은 병이 된다.

15 ②

현재 발생하지 않았지만 장차 발생할지 모르는 문제를 예상하고 대비하는 일, 보다 나은 미래를 위해 새로운 문제를 스스로 설정하여 도전하는 일은 조직과 개인 모두에게 중요한 일이다. 이러한 형태의 문제를

설정형 문제라고 한다. 설정형 문제를 해결하기 위해서는 주변의 발생 가능한 문제들의 움직임을 관심을 가지고 지켜보는 자세가 필요하며, 또한 문제들이 발생했을 때 그것이 어떤 영향을 가져올지에 대한 논리적 추론이 가능해야 한다. 이러한 사고의 프로세스는 논리적 연결고리를 생성시킬 수 있는 추론의 능력이 요구된다고 볼 수 있다.

16 ③

네트워크와 유통망이 다양한 것은 자사의 강점이며 이를 통하여 심화되고 있는 일본 업체와의 경쟁을 우회하여 돌파할 수 있는 전략은 주어진 환경에서 적절한 ST전략이라고 볼 수 있다.
① 세제 혜택(O)을 통하여 환차손 리스크 회피 모색(T)
② 타 해외 조직의 운영 경험(S)을 살려 업무 효율성 벤치마킹(W)
④ 해외 진출 경험으로 축적된 우수 인력(S) 투입으로 업무 누수 방지(W)
⑤ 자사의 우수한 이미지(O)를 내세워 경쟁 우위 선점(T)

17 ④

①②③⑤ 전형적인 독재자 유형의 특징이다.
※ 파트너십 유형의 특징
　　㉠ 평등
　　㉡ 집단의 비전
　　㉢ 책임 공유

18 ①

T그룹에서 워크숍을 하는 이유는 직원들 간의 단합과 화합을 키우기 위해서이고 또한 각 부서의 장에게 나름대로의 재량권이 주어졌으므로 위의 사례에서 장 부장이 할 수 있는 행동으로 가장 적절한 것은 ①번이다.

19 ③

리츠칼튼 호텔은 고객이 무언가를 물어보기 전에 고객이 원하는 것에 먼저 다가가는 것을 서비스 정신으로 삼고 있다. 기존 고객의 데이터베이스를 공유하여 고객이 원하는 서비스를 미리 제공할 수 있는 것이다.

20 ③

인간관계에서 신뢰를 구축하는 방법(감정은행계좌를 정립하기 위한 예입 수단)
㉠ 상대방에 대한 이해와 양보
㉡ 사소한 일에 대한 관심
㉢ 약속의 이행
㉣ 칭찬하고 감사하는 마음
㉤ 언행일치
㉥ 진지한 사과

21 ②

② 갈등은 문제 해결보다 승리를 중시하는 태도에서 증폭된다.

22 ①

협상과정
협상 시작→상호 이해→실질 이해→해결 대안→합의 문서

23 ②

커뮤니케이션의 기능
• 통제기능 : 조직 구성원들의 행동을 조정 통제하는 기능을 하는데, 이는 조직 구성원들의 행동이 어떤 특정한 방향으로 움직이도록 통제하는 것을 의미한다.
• 정서기능 : 조직의 구성원들이 자기 자신의 감정을 표현하고 사회적인 욕구를 충족시켜주는 역할을 한다고 보는 것을 말한다.
• 동기유발기능 : 조직구성원들이 해야 할 일, 직무성과를 개선하며 이를 달성하기 위해서 어떻게 해야 하는지, 다른 구성원들과 어떠한 방식으로 협동해야 하는지 등을 구체적으로 알려주는 매체 역할을 하는 것을 의미한다.
• 정보전달기능 : 개인과 집단 또는 조직 등에 정보를 전달해 주는 기능으로써 의사 결정의 촉매제 역할을 하며, 여러 대안을 파악하고 평가하는데 있어 필요한 정보를 제공해 줌으로써 의사결정을 원활히 이루어지게 하는 것을 의미한다.

24 ②

유인행동 효과는 고객들의 과거경험 및 주관적 입장을 파악해서 고객들에게 새로운 것을 제시하거나 또는 고객의 구매유발 매개체를 만들고 이를 설득해서 고객의 행동을 유발하는 것을 의미한다. ①번은 협상 커뮤니케이션 효과, ③번은 대조·나열행동 효과, ④번은 세뇌행동 효과, ⑤번은 선도효과를 각각 의미한다.

25 ②

클라우드 컴퓨팅이란 인터넷을 통해 제공되는 서버를 활용해 정보를 보관하고 있다가 필요할 때 꺼내 쓰는 기술을 말한다. 따라서 클라우드 컴퓨팅의 핵심은 데이터의 저장·처리·네트워킹 및 다양한 어플리케이션 사용 등 IT 관련 서비스를 인터넷과 같은 네트워크를 기반으로 제공하는데 있어, 정보의 보관 분야에 있어 획기적인 컴퓨팅 기술이라고 할 수 있다.

26 ①

VLOOKUP은 범위의 첫 열에서 찾을 값에 해당하는 데이터를 찾은 후 찾을 값이 있는 행에서 열 번호 위치에 해당하는 데이터를 구하는 함수이다. 단가를 구하기 위해서는 열에 대하여 품목코드를 찾아 단가를 구하므로 VLOOKUP 함수를 사용해야 한다.

찾을 방법은 TRUE(1) 또는 생략할 경우, 찾을 값의 아래로 근삿값, FALSE(0)이면 정확한 값을 표시한다. VLOOKUP(B2,$B$8:$C$10,2,0)은 'B8:C10' 영역의 첫 열에서 ST-03에 해당하는 데이터를 찾아 2열에 있는 단가 값인 3000을 구하게 된다. 따라서 '=C2*VLOOKUP(B2,$B$8:$C$10,2,0)'은 15*3000이 되어 결과값은 45,000이 된다.

27 ①

USB를 컴퓨터에 인식시켜 자료를 복사하는 것은 입력기능에 해당한다.

※ **컴퓨터의 5가지 기능**

ㄱ **입력기능** : 자료를 처리하기 위해서 필요한 자료를 받아들이는 기능이다.

ㄴ **기억기능** : 처리대상으로 입력된 자료와 처리결과로 출력된 정보를 기억하는 기능이다.

ㄷ **연산기능** : 주기억장치에 저장되어 있는 자료들에 대하여 산술 및 논리연산을 행하는 기능이다.

ㄹ **제어기능** : 주기억장치에 저장되어 있는 명령을 해독하여 필요한 장치에 신호를 보내어 자료처리가 이루어지도록 하는 기능이다.

ㅁ **출력기능** : 정보를 활용할 수 있도록 나타내 주는 기능이다.

28 ③

㈎ 파일은 쉼표(,)가 아닌 마침표(.)를 이용하여 파일명과 확장자를 구분한다.

㈑ 파일/폴더의 이름에는 ₩, /, :, *, ?, ", 〈, 〉 등의 문자는 사용할 수 없으며, 255자 이내로 공백을 포함하여 작성할 수 있다.

29 ⑤

'지식'이란 '어떤 특정의 목적을 달성하기 위해 과학적 또는 이론적으로 추상화되거나 정립되어 있는 일반화된 '정보'를 뜻하는 것으로, 어떤 대상에 대하여 원리적·통일적으로 조직되어 객관적 타당성을 요구할 수 있는 판단의 체계를 제시한다.

⑤ 가치가 포함되어 있지 않은 단순한 데이터베이스라고 볼 수 있다.

30 ①

① 이모티콘은 경우에 따라서 완곡하고 애교 섞인 표현의 역할을 할 수도 있으므로 무조건 예의에 어긋나는 행위로 볼 수는 없다.

② 다수의 대화자들에 대한 기본 예의이다.

③ 같은 내용의 글을 재차 확인해야 하는 독자들의 입장을 고려해야 한다.

④ 용량이 큰 여러 개의 파일을 아무렇게나 올리는 것은 자료실 관리 및 사용자의 편의 측면에서도 바람직한 행위로 볼 수 없다.

⑤ 아무리 게임이라고 해도 다수의 이용자들에 대한 배려가 필요하며, 종종 인터넷 게임 중의 매너 없는 행위와 비방, 욕설 등으로 인해 불미스러운 상황이 발생하기도 한다.

31 ①

데이터의 구성단위는 큰 단위부터 Database→File→Record→Field→Word→Byte(8Bit)→Nibble(4Bit)→Bit의 순이다. Bit는 자료를 나타내는 최소의 단위이며, Byte는 문자 표현의 최소 단위로 1Byte=8Bit이다.

32 ③

③ 매크로 보안 설정 사항으로는 모든 매크로 제외(알림 표시 없음), 모든 매크로 제외(알림 표시), 디지털 서명된 매크로만 포함 등이 있으며, '모든 매크로 포함'은 위험성 있는 코드가 실행될 수 있으므로 권장하지 않는다.

33 ②

① 소명의식 : 자신이 맡은 일은 하늘에 의해 맡겨진 일이라고 생각하는 태도

③ 직분의식 : 자신이 하고 있는 일이 사회나 기업을 위해 중요한 역할을 하고 있다고 믿고 자신의 활동을 수행하는 태도

④ 책임의식 : 직업에 대한 사회적 역할과 책무를 충실히 수행하고 책임을 다하는 태도

34 ③

③ 고객 앞에서 개인 용무의 전화 통화는 금지해야 하지만 업무상 전화를 받는 행위는 그렇지 않다.

35 ①

3D 기피현상 : 힘들고(Difficult), 더럽고(Dirty), 위험한(Dangerous) 일은 하지 않으려고 하는 현상

36 ①

직업윤리의 덕목

㉠ 소명의식 : 자신이 맡은 일을 하늘에 의해 맡겨진 일이라고 생각하는 태도

㉡ 천직의식 : 자신의 일이 자신의 능력에 맞는다 여기고 열성을 가지고 성실히 임하는 태도

㉢ 직분의식 : 자신이 하고 있는 일이 사회나 기업을 위해 중요한 역할을 하고 있다고 믿는 태도

㉣ 책임의식 : 직업에 대한 사회적 역할과 책무를 충실히 수행하고 책임을 다하는 태도

㉤ 전문가의식 : 자신의 일이 누구나 할 수 있는 것이 아니라 해당분야의 지식을 바탕으로 가능한 것이라 믿는 태도

㉥ 봉사의식 : 직업 활동을 통해 다른 사람과 공동체에 대해 봉사하는 정신을 갖춘 태도

37 ④

휴대전화 예절

• 당신이 어디에서 휴대전화로 전화를 하든지 간에 상대방에게 통화를 강요하지 않는다.

• 상대방이 장거리 요금을 지불하게 되는 휴대전화의 사용은 피한다.

• 운전하면서 휴대전화를 사용 하지 않는다.

• 친구의 휴대전화를 빌려 달라고 부탁하지 않는다.

• 비상시에만 휴대전화를 사용하는 친구에게는 휴대전화로 전화하지 않는다.

38 ④

회식자리에서도 상하구분이 존재하므로 상위자(상사)보다는 잔을 높이 들면 안 되며, 더불어서 상위자(상사)보다 먼저 술잔을 내려놓지 않는다.

39 ②

업무가 끝나면 즉각적으로 보고하고 경우에 따라 중간보고를 해야 한다. 그럼으로써 업무의 진행 상황을 파악할 수 있으며 수정을 할 수 있기 때문이다. 또한 긍정적인 자세로 지시받고 기한 및 수량 등을 정확히 파악해야 한다.

40 ③

결혼식 선물은 보내는 사람의 마음이 담긴 선물로 준비해야 하며 전날 전달하는 것이 좋다.

41 ②

의사결정자는 대안과 그 결과에 대해 완전한 정보를 가질 수 없는 제한된 합리성을 전제로 한다.

42 ⑤

①②③④번은 제품특성에 관한 것이며, ⑤번은 시장특성에 대한 고려요인에 속한다.

43 ④

혁신이론은 지식경영과 직접적인 관계를 지니고 있다.

44 ②

시장세분화란 가격이나 제품에 대한 반응에 따라 전체시장을 몇 개의 공통된 특성을 가지는 세분시장으로 나누어서 마케팅을 차별화시키는 것이다.

45 ①

지식중심의 조직에서 일하는 모든 경영자와 지식근로자들이 알아두어야 할 자기개발의 핵심으로는 인간관계, 의사결정, 목표달성, 시간관리, 리더십, 혁신, 커뮤니케이션 등이 있다.

46 ④

기능별 조직은 주로 단일제품이나 서비스를 생산 및 판매하는 소규모 기업 등에서 선호되는 형태이다.

47 ③

QR은 원자재 조달과 생산 그리고 배송에서 누적 리드타임을 단축시키고 안전재고를 감소시키며, 예측오류를 감소시키는 효과가 있다. 또한 상품 로스율을 감소시킨다.

48 ①

①번은 직장 내 교육훈련에 관한 설명이다.

49 ⑤

리엔지니어링은 기업 조직의 비용·품질·서비스·속도와 같은 핵심적 분야에서 극적인 향상을 이루기 위해 기존의 업무수행방식을 원점에서 재검토하여 업무처리 절차를 근본적으로 재설계하는 것을 의미하며 이에 대한 궁극적인 목적은 고객만족에 있다.

50 ⑤

⑤번은 직무명세서에 대한 내용이다. 직무기술서는 인적자원관리의 일반적인 목적을 위해 작성된다.

51 ①

전략적 의사결정에서는 주로 최고경영자가 의사결정을 행하며, 외부환경과의 관계에 관한 비정형적인 문제를 다루게 된다.

52 ①

고객생애가치는 한 시점에서의 가치가 아니고 고객과 기업 간에 존재하는 관계의 전체적인 가치를 의미한다.

53 ⑤

①·②·③·④번은 화주 측면에서의 효과에 속하고, ⑤번은 고객측면에서의 효과에 속한다.

54 ⑤

매트릭스 조직에서 작업자는 2중 명령체계를 갖게 된다. 하나는 기능부문이나 사업부문에서 유래하는 수직적 명령체계이며, 또 하나는 특수한 분야의 전문가인 프로젝트 책임자로부터 받는 수평적 명령체계를 지니게 된다.

55 ④

판매물류는 물류의 최종단계로서 제품을 고객에게 전달하는 일체의 활동, 즉 물류센터의 운용(보관·하역 포함), 제품의 수배송 정보 네트워크의 운용 등이 그 관리대상이 된다.

56 ⑤

마케팅 개념의 전개과정

생산개념 → 제품개념 → 판매개념 → 마케팅개념 → 사회적 마케팅개념

57 ⑤

고객의 욕구는 연령, 경험, 사회, 문화 등에 따라 변화하며, 단순히 고객이 상품을 구매하는 존재가 아닌 지속적인 동반자로 인지를 함으로써 고객의 입장에서 봤을 때의 점포에 왔을 시 느낄 수 있는 부분들에 대한 고객의 욕구를 충족시키는 것이라 할 수 있다.

58 ①

대조 및 나열행동의 효과는 상품 속성의 평가에 관한 절대적인 기준이 없기 때문에 차별적인 대안으로 비교분석할 수 있게 해서 고객으로 하여금 직접 구매가치를 결정할 수 있게 하는 것이다.

59 ④

$V_0 = \dfrac{D}{k}$ 에 의해 $\dfrac{3,000}{0.2} = 15,000$원이 된다.

60 ②

①③④⑤번은 수요가 적은 경우에 해당하며, ②번은 수요의 타이밍이 맞지 않은 경우에 해당한다.

61 ③

전통적 인사관리에서는 직무중심의 인사관리에 중점을 두고 있다.

62 ④

채권가격은 이자율 수준에서의 움직임과 반대방향으로 변동하게 된다.

63 ⑤

특정한 마케팅 믹스에 대한 반응이나 세분화 근거에 있어서 같은 세분시장의 구성원은 동질성을 보여야 하고, 다른 세분시장의 구성원과는 이질성을 보여야 한다는 것은 내부적 동질성과 외부적 이질성을 의미하는 것이다.

64 ①

카페테리아식 복지후생은 기업 조직에 소속된 구성원들이 기업이 제공하는 복지후생제도나 시설 중에서 종업원이 원하는 것을 선택함으로서 자신의 복지후생을 스스로 원하는 대로 설계하는 것을 의미한다.

65 ②

유럽형 옵션은 오로지 만기일에만 권리를 행사할 수 있는 옵션을 의미한다.

66 ⑤

활동기준원가는 소비되어진 자원 등을 활동별로 집계해서 활동별로 집계된 원가를 제품에 분배하는 원가 시스템을 의미한다.

67 ⑤

4PL은 3PL보다 범위가 넓은 공급사슬 역할을 담당한다.

68 ②

경영참가 면에서 보면 채권은 참가권이 없지만, 주식은 참가권이 있다.

69 ⑤

판매개념에서의 목표는 매출증대를 통한 이윤의 창출에 있다.

70 ②

지식경영은 기업을 둘러싼 환경이 급변함에 따라 이에 적극 대응하기 위한 지속적인 혁신과 함께 이를 가능하게 하는 지식의 중요성이 커짐에 따라 피터 드러커 & 노나카 이쿠지로 등에 의해 제창된 개념이다.

71 ④

비정형적 의사결정은 주로 특수한 상황이나 비일상적인 부분에 적용되는 의사결정의 형태이므로 의사결정을 하게 되는 계층은 주로 고위층이다.

72 ④

관찰법은 직무분석자가 직무수행을 하는 종업원의 행동을 관찰한 것을 토대로 직무를 판단하는 것을 말하고, 면접법은 해당 직무를 수행하는 종업원과 직무분석자가 서로 대면해서 직무정보를 취득하는 방법을 말하며, 질문지법은 질문지를 통해 종업원에 대한 직무정보를 취득하는 방법을 말한다.

73 ④

인간관계론은 인간의 감성을 중시하며, 비공식적 조직관을 지니는 이론이다.

74 ③

위험프리미엄(10% − 5%)은 5%가 되며, 채무불이행위험프리미엄(20% − 10%)은 10%이다.

75 ②

임금피크제도(Salary Peak System)는 기업 조직의 구성원들이 일정 정도의 연령에 이르게 되면 해당 구성원들의 생산성에 의해 임금을 지급하는 제도를 말한다.

76 ⑤

개방형 질문은 응답자가 자유로이 제시된 대안에서 답을 찾는 것이 아닌 응답자 스스로의 생각을 솔직하게 표현해 내는 질문방식을 의미한다.
⑤번의 이분형 및 선다형은 폐쇄형 질문(객관식 질문) 형태에 관한 내용이다.

77 ④

지리적 세분화는 고객이 살고 있는 거주 지역을 기준으로 시장을 세분화하는 방법이다. 이에는 지역, 도시 및 지방, 기후 등이 있다.

78 ①

상표전환은 판매촉진이 없었더라면 다른 상표를 구매하였을 소비자가 판매촉진이 실행 중인 상표를 구매하게 되는 현상을 의미하는데, 이러한 상표전환은 상표들 간에 비대칭적으로 발생하게 된다. 다시 말해 프리미엄 브랜드가 판매촉진을 하여 중저가 브랜드의 매출을 잠식하는 것이 중저가 브랜드가 프리미엄 브랜드의 매출을 판매촉진으로 잠식하는 것보다 훨씬 크다.
① 특정 상표에 대한 고객 충성도가 증가하게 되면 상표전환은 발생하지 않는다.

79 ③

③ 유통경로에 참여하는 유능한 중간상이 많은 경우에는 중간상을 이용하는 것이 바람직하다. 그러나 유능한 중간상이 적으면 유통경로를 통합하는 것이 바람직하다.

80 ③

전자적(인터넷) 유통경로를 설계하는 것은 경쟁사에 비해 자사의 좋은 서비스로 소비자들에게 다가가고자 하는 것인데, 이러한 서비스에 대한 기대 수준을 하게 되는 것은 제품 및 서비스를 사용할 소비자들이다. 그러므로 ③번은 소비자의 기대 서비스 수준으로 바뀌어야 한다.

대구도시철도공사 기출동형 모의고사

성 명

수 험 번 호

⑩	①	②	③	④	⑤	⑥	⑦	⑧	⑨
⑩	①	②	③	④	⑤	⑥	⑦	⑧	⑨
⑩	①	②	③	④	⑤	⑥	⑦	⑧	⑨
⑩	①	②	③	④	⑤	⑥	⑦	⑧	⑨
⑩	①	②	③	④	⑤	⑥	⑦	⑧	⑨
⑩	①	②	③	④	⑤	⑥	⑦	⑧	⑨
⑩	①	②	③	④	⑤	⑥	⑦	⑧	⑨
⑩	①	②	③	④	⑤	⑥	⑦	⑧	⑨

직업기초능력평가

문항	답란
1	① ② ③ ④ ⑤
2	① ② ③ ④ ⑤
3	① ② ③ ④ ⑤
4	① ② ③ ④ ⑤
5	① ② ③ ④ ⑤
6	① ② ③ ④ ⑤
7	① ② ③ ④ ⑤
8	① ② ③ ④ ⑤
9	① ② ③ ④ ⑤
10	① ② ③ ④ ⑤
11	① ② ③ ④ ⑤
12	① ② ③ ④ ⑤
13	① ② ③ ④ ⑤
14	① ② ③ ④ ⑤
15	① ② ③ ④ ⑤
16	① ② ③ ④ ⑤
17	① ② ③ ④ ⑤
18	① ② ③ ④ ⑤
19	① ② ③ ④ ⑤
20	① ② ③ ④ ⑤
21	① ② ③ ④ ⑤
22	① ② ③ ④ ⑤
23	① ② ③ ④ ⑤
24	① ② ③ ④ ⑤
25	① ② ③ ④ ⑤
26	① ② ③ ④ ⑤
27	① ② ③ ④ ⑤
28	① ② ③ ④ ⑤
29	① ② ③ ④ ⑤
30	① ② ③ ④ ⑤
31	① ② ③ ④ ⑤
32	① ② ③ ④ ⑤
33	① ② ③ ④ ⑤
34	① ② ③ ④ ⑤
35	① ② ③ ④ ⑤
36	① ② ③ ④ ⑤
37	① ② ③ ④ ⑤
38	① ② ③ ④ ⑤
39	① ② ③ ④ ⑤
40	① ② ③ ④ ⑤

경영학개론

문항	답란
1	① ② ③ ④ ⑤
2	① ② ③ ④ ⑤
3	① ② ③ ④ ⑤
4	① ② ③ ④ ⑤
5	① ② ③ ④ ⑤
6	① ② ③ ④ ⑤
7	① ② ③ ④ ⑤
8	① ② ③ ④ ⑤
9	① ② ③ ④ ⑤
10	① ② ③ ④ ⑤
11	① ② ③ ④ ⑤
12	① ② ③ ④ ⑤
13	① ② ③ ④ ⑤
14	① ② ③ ④ ⑤
15	① ② ③ ④ ⑤
16	① ② ③ ④ ⑤
17	① ② ③ ④ ⑤
18	① ② ③ ④ ⑤
19	① ② ③ ④ ⑤
20	① ② ③ ④ ⑤
21	① ② ③ ④ ⑤
22	① ② ③ ④ ⑤
23	① ② ③ ④ ⑤
24	① ② ③ ④ ⑤
25	① ② ③ ④ ⑤
26	① ② ③ ④ ⑤
27	① ② ③ ④ ⑤
28	① ② ③ ④ ⑤
29	① ② ③ ④ ⑤
30	① ② ③ ④ ⑤
31	① ② ③ ④ ⑤
32	① ② ③ ④ ⑤
33	① ② ③ ④ ⑤
34	① ② ③ ④ ⑤
35	① ② ③ ④ ⑤
36	① ② ③ ④ ⑤
37	① ② ③ ④ ⑤
38	① ② ③ ④ ⑤
39	① ② ③ ④ ⑤
40	① ② ③ ④ ⑤

대구도시철도공사 기출동형 모의고사

성 명

수 험 번 호

⓪	⓪	⓪	⓪	⓪	⓪	⓪	
①	①	①	①	①	①	①	①
②	②	②	②	②	②	②	②
③	③	③	③	③	③	③	③
④	④	④	④	④	④	④	④
⑤	⑤	⑤	⑤	⑤	⑤	⑤	⑤
⑥	⑥	⑥	⑥	⑥	⑥	⑥	⑥
⑦	⑦	⑦	⑦	⑦	⑦	⑦	⑦
⑧	⑧	⑧	⑧	⑧	⑧	⑧	⑧
⑨	⑨	⑨	⑨	⑨	⑨	⑨	⑨

직업기초능력평가

번호	답란	번호	답란
1	① ② ③ ④ ⑤	21	① ② ③ ④ ⑤
2	① ② ③ ④ ⑤	22	① ② ③ ④ ⑤
3	① ② ③ ④ ⑤	23	① ② ③ ④ ⑤
4	① ② ③ ④ ⑤	24	① ② ③ ④ ⑤
5	① ② ③ ④ ⑤	25	① ② ③ ④ ⑤
6	① ② ③ ④ ⑤	26	① ② ③ ④ ⑤
7	① ② ③ ④ ⑤	27	① ② ③ ④ ⑤
8	① ② ③ ④ ⑤	28	① ② ③ ④ ⑤
9	① ② ③ ④ ⑤	29	① ② ③ ④ ⑤
10	① ② ③ ④ ⑤	30	① ② ③ ④ ⑤
11	① ② ③ ④ ⑤	31	① ② ③ ④ ⑤
12	① ② ③ ④ ⑤	32	① ② ③ ④ ⑤
13	① ② ③ ④ ⑤	33	① ② ③ ④ ⑤
14	① ② ③ ④ ⑤	34	① ② ③ ④ ⑤
15	① ② ③ ④ ⑤	35	① ② ③ ④ ⑤
16	① ② ③ ④ ⑤	36	① ② ③ ④ ⑤
17	① ② ③ ④ ⑤	37	① ② ③ ④ ⑤
18	① ② ③ ④ ⑤	38	① ② ③ ④ ⑤
19	① ② ③ ④ ⑤	39	① ② ③ ④ ⑤
20	① ② ③ ④ ⑤	40	① ② ③ ④ ⑤

경영학개론

번호	답란	번호	답란
1	① ② ③ ④ ⑤	21	① ② ③ ④ ⑤
2	① ② ③ ④ ⑤	22	① ② ③ ④ ⑤
3	① ② ③ ④ ⑤	23	① ② ③ ④ ⑤
4	① ② ③ ④ ⑤	24	① ② ③ ④ ⑤
5	① ② ③ ④ ⑤	25	① ② ③ ④ ⑤
6	① ② ③ ④ ⑤	26	① ② ③ ④ ⑤
7	① ② ③ ④ ⑤	27	① ② ③ ④ ⑤
8	① ② ③ ④ ⑤	28	① ② ③ ④ ⑤
9	① ② ③ ④ ⑤	29	① ② ③ ④ ⑤
10	① ② ③ ④ ⑤	30	① ② ③ ④ ⑤
11	① ② ③ ④ ⑤	31	① ② ③ ④ ⑤
12	① ② ③ ④ ⑤	32	① ② ③ ④ ⑤
13	① ② ③ ④ ⑤	33	① ② ③ ④ ⑤
14	① ② ③ ④ ⑤	34	① ② ③ ④ ⑤
15	① ② ③ ④ ⑤	35	① ② ③ ④ ⑤
16	① ② ③ ④ ⑤	36	① ② ③ ④ ⑤
17	① ② ③ ④ ⑤	37	① ② ③ ④ ⑤
18	① ② ③ ④ ⑤	38	① ② ③ ④ ⑤
19	① ② ③ ④ ⑤	39	① ② ③ ④ ⑤
20	① ② ③ ④ ⑤	40	① ② ③ ④ ⑤

대구도시철도공사 기출동형 모의고사